Metodologia de projetos

Dados internacionais de Catalogação na Publicação (CIP)
(Câmara Brasileira do Livro, SP, Brasil)

Lück, Heloísa
   Metodologia de projetos : uma ferramenta de planejamento e gestão / Heloísa Lück. – 9. ed. Petrópolis, RJ : Vozes, 2013.

   4ª reimpressão, 2018.

   ISBN 978-85-326-2859-6
   Bibliografia.
   1. Administração de projetos  2. Planejamento estratégico I. Título.

03-1473                                                    CDD-658.404

Índices para catálogo sistemático:
1. Projetos : Metodologia : Administração de empresas   658.404

Heloísa Lück

# Metodologia de projetos
## Uma ferramenta de planejamento e gestão

Petrópolis

© 2003, Heloísa Lück
Centro de Desenvolvimento Humano Aplicado

Direitos de publicação:
2003, Editora Vozes Ltda.
Rua Frei Luís, 100
25689-900 Petrópolis, RJ.
www.vozes.com.br
Brasil

Todos os direitos reservados. Nenhuma parte desta obra poderá ser reproduzida ou transmitida por qualquer forma e/ou quaisquer meios (eletrônico ou mecânico, incluindo fotocópia e gravação) ou arquivada em qualquer sistema ou banco de dados sem permissão escrita da editora.

**CONSELHO EDITORIAL**

**Diretor**
Gilberto Gonçalves Garcia

**Editores**
Aline dos Santos Carneiro
Edrian Josué Pasini
Marilac Loraine Oleniki
Welder Lancieri Marchini

**Conselheiros**
Francisco Morás
Ludovico Garmus
Teobaldo Heidemann
Volney J. Berkenbrock

**Secretário executivo**
João Batista Kreuch

*Editoração e org. literária*: Sheila Ferreira Neiva
*Capa*: Marta Braiman

ISBN 978-85-326-2859-6

Editado conforme o novo acordo ortográfico.

Este livro foi composto e impresso pela Editora Vozes Ltda.

*A sobrevivência no mundo atual exige uma forte liderança executiva, um intenso enfoque nos clientes e em suas necessidades um* projeto *e uma organização superior dos processos* (Hammer & Champy, 1994).

Este trabalho é dedicado a dezenas de companheiros que participaram de diversos cursos ministrados pela autora, sobre a elaboração de projetos que muito contribuíram para o desenvolvimento da temática, ao repartirem com ela suas vivências, dúvidas e dificuldades a respeito do processo de elaboração e implementação de projetos. Muitas das suas dúvidas e situações serviram como elemento para orientar a determinação dos conteúdos que compõem este trabalho. Muitos dos seus exercícios são aproveitados para servirem como exemplos das situações discutidas.

Em especial, ressalta-se os profissionais das seguintes empresas e organizações:

ABRH – Associação Brasileira de Recursos Humanos – Seccional Paraná

Bamerindus Seguradora

Colégio Bom Jesus

Copel – Companhia Paranaense de Energia

Inepar S/A

Prefeitura Municipal de Curitiba – Secretaria de Educação

Prefeitura Municipal de Palmeira – Secretaria de Educação

PUC-PR – Pontifícia Universidade Católica do Paraná

Sanepar – Companhia de Saneamento do Paraná

Seguradora Gralha Azul – Banestado

Serpro – Serviço Federal de Processamento de Dados

Tecpar – Instituto de Tecnologia do Paraná

Telepar – Telecomunicações do Paraná

# Sumário

*Introdução*, 9

1. Escopo geral do método de projetos, 15
2. Aspectos específicos do processo de elaboração de projetos, 49
3. Eixos e características de projetos que funcionam, 56
4. Dimensões da elaboração de projetos, 83
5. Estruturação de projetos, 91
6. Implementação de projetos, 130

*Referências*, 137

*Índice*, 139

# Introdução

Criar novos cenários e panoramas de desempenho mais promissores e eficazes, responder a novas condições e necessidades, assim como atender a novas demandas, estes são os desafios com que toda organização se defronta e deve assumir, a fim de que continue saudável e, como organismo vivo, continue se desenvolvendo. Esse desenvolvimento se constitui, aliás, condição fundamental para que qualquer organização participe e contribua efetivamente para um mundo dinâmico, caracterizado pela contínua transformação. A reorganização da economia e do mundo do trabalho, envolvendo, dentre muitos outros aspectos, a atenção aos clientes e as suas necessidades, a preocupação com a qualidade de produtos e serviços, o enfoque nas informações e a orientação pela melhoria contínua, além de uma forte orientação para a competitividade, tornam necessário que as organizações em geral estejam não apenas respondendo, continuamente, para tais mudanças contínuas, mas que o façam com visão estratégica.

Este processo exige de profissionais em geral e de gestores em especial tanto muita agilidade e criatividade quanto um elevado espírito de organização e planejamento inteligente aplicado a seu trabalho e aos processos sob sua responsabilidade. A superação da prática do desencadeamento de ações aleatórias e dispersas, a partir de ideias superficiais e orientações difusas, que conduzem ao oneroso e perigoso movimento dirigido pelo ativismo ou espontaneísmo, pode colocar em risco a vitalidade das empresas, organizações e instituições[1]. Esta, no entanto, tem sido infelizmente uma prática identificável facilmente, sendo até mesmo reforçada mediante a busca de um bode expiatório para justificar seus resultados negativos, de que decorre a manutenção das condições inadequadas e improdutivas vigentes. Para superar essa limitação, nem mesmo o bom-senso, embora desejável, basta. Para tanto, é necessário um trabalho sistematizado, a partir de uma visão estratégica e objetiva da realidade, sendo fundamental que o espírito empreendedor esteja associado a uma compreensão dos desafios, das condições necessárias ao seu enfrentamento, assim como de organização e coordenação dos diversos desdobramentos das ações a serem desencadeadas no tempo e no espaço.

Assim, ao orientar a melhoria demanda um processo de análise, decisão e planejamento ágil e versátil, que possibilite concentrar e canalizar esforços, apropriar e disponibilizar recursos adequados, objetivar e clarificar ideias e propósitos, direcionar e concentrar energia, a partir de uma compreensão clara e objetiva da situação, do seu contexto e do que se pretende, associada ao processo de tomada de decisão e visão de empreendimento orientador da ação.

Esse processo de planejamento-ação é realizado pela metodologia de projetos, que se constitui, ao mesmo tempo, em um trabalho de gestão eficaz, orientado pela análise sistemática de situações e problemas vinculada à tomada de decisões para resolvê-los, e por uma prática de associação entre conceitos e procedimentos, realizada de forma reflexiva, intensiva e consciente. O projeto oferece o direcionamento, as orientações para a ação e os elementos para o seu imprescindível

---

1. No decorrer deste trabalho será utilizado o termo organização, como designação genérica para englobar também empresas e instituições em geral.

monitoramento e avaliação, condições básicas para um processo de gestão eficaz.

Toda ação – ou omissão – no processo de gestão tem um custo, seja direto ou seja indireto; em curto ou em médio prazo. Na medida em que tenha origem em hábitos e ações desencadeadas sem a devida análise e reflexão, esse custo pode resultar em sérios desperdícios e prejuízos, muitas vezes vitais para a organização, uma vez não controlados. Apenas uma orientação perspicaz e objetiva e um método de análise e determinação de ações orientadas para resultados, a partir de objetivos claramente definidos e sistemática de monitoramento, podem determinar a substituição de antigas práticas condicionadas pelo ímpeto, pela acomodação ou, na melhor das hipóteses, pelo bom-senso e boas intenções, por ações com visão estratégica e empreendedora.

Qualquer empreendimento relativamente amplo e complexo, por envolver diversos desdobramentos, interfaces e atores, demanda tais processos. E assim deveria ser considerada a maioria das ações das organizações, mesmo as rotineiras. Estas, apenas à primeira vista e mediante percepção superficial, parecem prescindir dos mesmos, em vista do que, gestores que assim as entendem, respondem reativamente às demandas, sem preocupação analítica e perspicaz sobre elas, criando, como resultado, a síndrome de "apagar incêndios", prática que se pode facilmente verificar no cotidiano das organizações. Este é muitas vezes marcado por tão desgastante e onerosa ótica, que leva, em curto prazo, à manutenção das condições inadequadas vigentes e, em médio e longo prazo, à falência dos processos e das organizações onde ocorrem. Portanto, somente a partir de uma orientação mental de planejamento com a visão em resultados e ações concretas, é possível superar a prática da ação ligeira, de visão limitada e imediatista, que contribui para cavar, cada vez mais, o buraco da inconsequência e a construção da inadimplência, por ser destituída de visão global e ação empreendedora coordenada, organizada e estruturada por um projeto.

Planejamento é um processo dinâmico e complexo que envolve, além de uma dimensão técnica (forma), a dimensão conceitual e a dimensão política (fundo). Minimizar a importância do planejamento por se ver nele única e exclusivamente a dimensão técnica, isto é, o seu aspecto formal, é vê-lo com uma ótica limitada, é atribuir-lhe apenas uma perspectiva linear, e, em consequência, desvalorizar as outras dimensões correspondentes, que, por certo, constituem o foco, o âmago do processo de planejar. Conforme sugerido por Morin (1990), no cerne da realidade estão dimensões em contínuo diálogo e interatividade, em vez de artificialmente dicotomizadas, tal como o fazemos na academia, para descrever essa realidade. Assim forma e conteúdo seriam aspectos complementares de uma mesma situação e, como afirmava o pensador paranaense Tasso de Oliveira, "forma é fundo aparecendo", de modo que ambas as dimensões se realizam reciprocamente. Vale dizer que é na interatividade das três dimensões que o processo de planejar se realiza plena e competentemente.

Evidencia-se, por certo, que o planejamento e seus subprodutos formais – o plano ou o projeto – não têm valor em si mesmos. Isso porque uma proposição de ação bem planejada de nada vale, caso não venha a corresponder à qualidade do planejamento, uma qualidade de conteúdo que privilegia conceitos e ideias sólidas e bem fundamentadas, para nortear o entendimento dos aspectos envolvidos na ação; e uma qualidade política orientada por uma vontade de agir, de colocar em prática o planejado, para mudar uma realidade – isso porque uma boa ideia não basta. – É necessário o comprometimento para colocá-la em prática, já que de nada valem as boas ideias se não forem colocadas em ação.

Planejar corresponde a vislumbrar uma situação futura melhor, a dispor-se a construir essa realidade e, efetivamente, fazê-lo. Representa materializar uma vontade de transformação da realidade, ou implantação de uma inovação, mediante objetividade e direcionamento claro de ações, tendo os pés no presente e o olhar no futuro. Portanto, não se pode conceber qualquer processo de gestão sem planejamento. Como a gestão visa a produção de resultados em prazos delimitados, com custos controlados, mediante o emprego ótimo do talento humano e dos processos laborais, nada mais útil que a metodologia de projetos para orientar e organizar esse processo. Em última instância, porém, a sua implementação é que faz a diferença, em vista do que, a partir de um bom plano e projetos, deve-se cuidar para que sejam traduzidos em ação, pela determinação e compromisso efetivos em implementá-los.

Com estas questões em mente, foi desenvolvido este trabalho, como resultado de experiência da autora em consultoria e capacitação de pessoas e equipes, para elaborar projetos orientados para a gestão de ações de melhoria da qualidade, bem como de desenvolvimento, modernização ou transformação organizacional, em variados contextos.

Este trabalho interessa, portanto, a pessoas que se propõem a dar consistência ao seu trabalho de gestão, como também àquelas que, tendo a responsabilidade direta por seu planejamento, desejam superar as possibilidades de projetos não saírem do papel ou de terem vida curta, deixando de ser plenamente implementados.

O método de projeto é, certamente, de grande utilidade para todos os que pretendem orientar seu trabalho para a promoção de resultados efetivos, mediante ações organizadas, concentradas e sistematizadas, de modo que possam também aprender com essa prática. Trata-se de uma ferramenta básica do gestor, que não apenas fundamenta, direciona e organiza a ação de sua responsabilidade, como também possibilita o seu monitoramento e avaliação, condições fundamentais da eficácia e melhoria contínua: "Quem planeja por uma qualidade de vida melhor deve utilizar o planejamento como uma atividade dinâmica e permanente em sua organização" (FURUSHO, 1997).

# Escopo geral do método de projetos 1

Diretores de organizações, gerentes, chefes de unidades[1] têm como responsabilidade estabelecer unidade de ação, concentração de energia e direcionamento avançado para promoverem a efetivação de objetivos e produção de resultados com qualidade, mediante esforços e serviços compatíveis, que atendam às demandas dos clientes, ao mesmo tempo em que promovam o desenvolvimento da sua organização e a expansão do seu negócio. Da capacidade de seus gestores de focalizar seu pensamento de modo estratégico, de melhorar suas operações e resultados, a partir de um entendimento objetivo do que é necessário para o sucesso e de como o mesmo pode ser promovido, depende a sobrevivência e competitividade da organização moderna.

Portanto, faz parte da ação de gestão promovida por esses profissionais a interação entre planejamento e ação, que se torna absolutamente imprescindível para que assumam suas responsabilidades organizacionais com competência. Isso porque o planejamento dinâmico é o processo que cria e articula as condições para desempenho inteligente e criador de novos estágios de desenvolvimento da organização e de seus negócios e serviços, ao mesmo tempo em que maximiza os recursos disponíveis para esse fim e organiza os seus processos.

---

1. Esses profissionais serão chamados de gestores, no decorrer deste trabalho.

O planejamento ágil mais de perto associado à ação, de modo a retroalimentar-se nela mesma e retomar seu próprio sentido, é formalizado em projetos[2] que constituem uma expressão de planejamento que extrapola o simples formalismo e a racionalização. Estes aspectos, por sinal, devem ser superados, pois resultam em projetos destituídos de responsabilidade efetiva com a produção de resultados e estão mais associados à burocratização inócua que ao compromisso efetivo com a mudança que devem produzir.

Um projeto, segundo Dinsmore (1992: 19), "é um empreendimento com começo e fim definidos, dirigidos por pessoas, para cumprir metas estabelecidas dentro de parâmetros de custo, tempo e qualidade".

A elaboração de projetos atende, dentre outras, às necessidades de: 1) em seu sentido mais elementar, sistematizar e integrar em conjuntos organizados, ações que, do contrário, permaneceriam desarticuladas e até mesmo conflitantes entre si; 2) definir claramente, e com visão realista, os resultados pretendidos pelas ações, de modo a maximizar os esforços para a consecução dos resultados mais significativos; 3) agir a partir de situações claramente entendidas; 4) dimensionar, articular e organizar os recursos, as condições, a energia e o talento de equipe para a sua efetivação; 5) oferecer condições de retroalimentação e melhoria contínua das ações; 6) compreender, pela reflexão a partir do monitoramento e avaliação, a relação entre processos e resultados.

*Projetos de melhoria são condição para se manter a juventude e a vitalidade da organização (John Steinbeck).*

---

2. O planejamento de longo alcance e maior abrangência se materializa em um plano de desenvolvimento, que pode ser desdobrado em projetos, isto é, em segmentos mais limitados em tempo e escopo. Os projetos traduzem, mediante a realização de objetivos específicos, a política geral de ação da organização, estabelecida em seu plano de ação.

## 1. Por que projetos de melhoria

É comum o entendimento de que a solução e a melhoria de qualquer situação depende de recursos financeiros, e/ou contratação de mais pessoal ou remanejamento de funcionários de um setor para outro. Esse entendimento, aliás, está associado ao modelo de administração científica, segundo o qual, para que haja um determinado resultado, é necessário que haja a alocação de novos recursos correspondentes, sem considerar significativamente os processos de ação. Adotando-se o pressuposto de que, sem insumo de recursos (*input*) não há condições para se produzir novos resultados (*output*), desconsidera-se a força e o impacto que a inteligência, a criatividade, a sinergia humana e a dinâmica dos processos sociais podem exercer sobre a realidade (LÜCK, 1996). No entanto, a história das organizações tem evidenciado que somente a ação inteligente é capaz de transformar problemas em soluções e que a falta dela transforma soluções em problemas.

Também é comum a concentração de esforços de mudança, a partir de opiniões e de ideias vagas sobre dificuldades vivenciadas, sem o desenvolvimento de uma compreensão clara, ampla e bem fundamentada da realidade, mediante a desconsideração de que a produtividade, a competitividade e a transformação de organizações dependem do uso de boas e completas informações, de um entendimento esclarecido e compreensivo da realidade e seus desafios.

Aquela prática pode, contrariamente ao que se deseja e espera, levar ao agravamento do problema que se pretende resolver, e, até mesmo, à falência de empreendimentos e da organização. Procurar mudar a situação, a partir de boas intenções, de nada adianta. Torna-se necessário concentrar esforços e direcioná-los objetiva e criativamente, a partir da compreensão lúcida, abrangente e perspicaz sobre o estado da questão e de suas prioridades, antes de buscar soluções; sobretudo, é necessário ter visão global, crítica e analítica da realidade em movimento. Da mesma forma, é necessário organizar e direcionar consistentemente as ações e procedimentos orientados para o enfrentamento dos desafios assumidos.

Elaborar projetos vem atender a essas necessidades, pois constitui um processo de concentração de inteligência, articulação de esforços e de condições necessárias para garantir o enfrentamento de desafios e a superação desejada de obstáculos específicos e claramente delineados, assim como o aproveitamento de oportunidades de desenvolvimento. Esse processo representa o estabelecimento de compromissos e responsabilidades no sentido de melhoria contínua da organização, a partir de análise sistemática e cuidadosa da situação vivenciada, de necessidades e de oportunidades, e consequente processo de tomada de decisões, assentado em informações objetivas e apropriadas.

Quais, pois, as vantagens do método de projetos na gestão em geral e na promoção de melhorias e avanços organizacionais e funcionais? Essas vantagens são múltiplas. Os profissionais que têm aplicado o método de projetos adequadamente identificam que ele é fundamental à efetividade geral de seu trabalho e de suas organizações, destacando, em especial, dentre outros aspectos, a sua contribuição para:

- Estabelecer novos horizontes e patamares mais elevados de serviços, mediante o esforço orientado por visão prognóstica e abrangente.
- Promover consistência e unidade de propósito e das ações necessárias à sua efetivação, por estabelecer, ao mesmo tempo, uma visão global estratégica e um enfoque específico a respeito da problemática focada (pensar grande ao agir no pequeno).
- Definir operacionalmente, mediante visão abrangente, condições e estratégias para apoiar melhorias necessárias.

- Mobilizar e direcionar esforços e concentrar atenção em aspectos significativos das situações-problema e desafios em foco, pela determinação de seus aspectos essenciais e diferenciação destes em relação aos aspectos secundários.
- Delinear condições necessárias para a realização de objetivos e metas organizacionais.
- Dimensionar adequadamente os insumos necessários e articulá-los, de modo que se potencializem reciprocamente na implementação de ações, garantindo racionalidade no uso de recursos e organização de vários atos necessários para se obter resultados.
- Maximizar o uso e distribuição do tempo, como um bem fundamental para a eficácia de ações.
- Estabelecer o ordenamento e a especificação dos procedimentos necessários à ação.
- Garantir controle sobre as situações desencadeadas, recursos e energias mobilizados e seus resultados.
- Garantir o registro da história das ações e movimentos da organização, permitindo visualizar os seus valores e tendências, pela alocação de energia e recursos que estabelece.
- Estruturar as condições necessárias ao monitoramento e avaliar as ações e processos desde o seu início até o seu término, o que possibilita sua retroalimentação e necessária autocorreção, quando necessário.
- Estabelecer compromisso e comprometimento com a ação voltada à produção de resultados.
- Permitir, pelo processo de análise dos projetos desencadeados e avaliação de seus resultados, o amadurecimento da organização e a empregabilidade dos envolvidos.
- Comunicar a imagem da organização aos seus colaboradores, usuários e clientes.

Vantagens como estas são alcançadas mediante "a escolha de situações futuras adequadas ao ambiente que envolve a organização e o estudo dos cursos alternativos de ação para alcançá-las" (CLEMENTE & FERNANDES, 1998).

Em última instância, todo projeto, num contexto de mudanças paradigmáticas, além dessas vantagens, deveria representar rupturas com o *status quo*, pelas quais se supera a zona de conforto e acomodação, para arriscar-se, para enfrentar períodos de instabilidade, visando criar novos patamares de realização. Vale dizer que a adoção do método de projetos estaria necessariamente assentada sobre a adoção da perspectiva estratégica.

> Descrever um plano de negócio em um projeto
> é parte fundamental na construção do seu sucesso
> (GUMPERT, 1995).

A construção significativa dos conhecimentos e das habilidades necessários para novas práticas ou melhoria das já iniciadas assenta-se, em grande parte, sobre nossa capacidade de revermos nossas percepções e tendências de construir significado em torno de nossas próprias experiências.

### Questões para reflexão

- Quais são suas expectativas em relação ao método de projetos?
- Como se propõe a preparar-se para efetivá-las?
- Você já teve alguma experiência com esse método?
- Quais seus resultados?
- O que aprendeu até agora com essa prática?
- Que desafios as expectativas lhe apresentaram?

## 2. Em que se constitui a elaboração de projetos

Um projeto, considerado em sentido formal e limitado, constitui apenas um documento que retrata um processo de planejamento pelo qual se tomam decisões a respeito de rumos de ação, emprego de recursos e de esforços, bem como se especificam ações e condições necessárias para resolver problemas, alterar uma situação ou criar novas. A partir de tal consideração, a tendência de planejadores é a de focalizarem o documento e não os processos e respectivos resultados que se pretende ao elaborá-lo.

Elaborar projeto significa planejar cursos específicos e dinâmicos de ação, tendo-se em mente articular todos os elementos envolvidos (pressupostos, objetivos, objeto, método e seus desdobramentos, clientes, condições físicas, materiais, financeiras e circunstâncias necessárias para sua execução), a partir de uma visão concreta da realidade e comprometimento com a sua transformação.

Em seu sentido mais amplo, e na realização plena do seu significado, o mais importante não é o documento produzido pelo planejamento, e sim o processo mental e social que envolve, o empreendimento que mobiliza e que se faz presente na ação inteligente dos atores do projeto, que cria a predisposição e determinação para agir visando consequências concretas e positivas. Nesse sentido, a elaboração de um projeto correspondente a um processo de mobilização e promoção de sinergia para a ação organizada e consistente. Corresponde à definição de um compromisso de ação e, como tal, tanto é um documento, como um ideário.

### 2.1. Significados atribuídos a projetos, expressos em sua prática

É comum, no entanto, o envolvimento de pessoas na elaboração de projetos, sem que tenham claro o significado desse empreendimento. Em consequência, são produzidos projetos meramente formais e burocráticos ou até mesmo inócuos no sentido de promover mudança na realidade. Cabe analisar possíveis significados e implicações de tais práticas, para se poder reverter o quadro negativo que produzem.

Alguns desses entendimentos sobre projeto, expressos em sua prática comum, são analisados a seguir. Se você já elaborou projetos, reflita em que medida já não o teria feito com tais ideias em mente, conjecture a respeito de seu resultado e, finalmente, posicione-se, no sentido de construir e adotar uma melhor concepção de elaboração de projetos. Observe nas descrições de "a" a "d" a limitação e burocratização dos significados. Com esta análise pretende-se compreender o alcance possível de suas práticas, já que podemos ir tão longe quanto imaginarmos poder ir.

a) Projetos como condição para liberação de recursos

No escopo de instituições financiadoras, um projeto constitui o conjunto integrado de ações que dependem de financiamento ou alocação de recursos especiais, geralmente externos, para a sua execução. Nesse caso, projetos são produzidos, sobretudo para garantir a obtenção de recursos, em vista do que, ao serem elaborados, leva-se em consideração muito menos as condições sociais e organizacionais para a efetivação de um resultado e muito mais as condições para aplicação de recursos. Da mesma forma, promovem pouca ou quase nenhuma mobilização de energia e comprometimento com resultados. Esse entendimento talvez seja o responsável pela contraditória situação em que, de um lado, obtém-se sucesso na aplicação de recursos e de, de outro, fracasso na efetivação de resultados de projeto. Tal situação tem sido registrada sobretudo em relação a projetos governamentais financiados, cujo monitoramento constante focaliza sobretudo a capacidade de gastar pelo tomador de empréstimo, nos tempos previstos.

Sob esse entendimento, muitas vezes, projetos são elaborados mediante o procedimento de raciocínio linear, pelo qual são integradas informações a respeito de certas situações-problema, vindo a resultar em um documento que muito mais legitima uma ação para garantir-lhe fundos, do que viabiliza a promoção de novos resultados ou de uma nova realidade. Em decorrência dessa situação, o projeto parece ter valor por si próprio e tende a reforçar uma visão burocrática da solução dos problemas, o que mais contribui para aumentá-los, pois, com essa perspectiva, é comum enfocar "soluções" relacionadas a problemas, ainda pouco compreendidos ou genericamente descritos.

Por conseguinte, quem se propõe a elaborar projetos segundo esse entendimento, pode, eventualmente, obter sua aprovação, mas em nada contribuirá para orientar a melhoria de produtos e serviços necessários para o desenvolvimento da organização e da sociedade. Muito pelo contrário, apenas contribui para a cristalização de uma prática cômoda e limitada de trabalho, reforçando um ponto de vista burocrático da elaboração de projetos e da intenção proposta. Ao mesmo tempo, também, gera gastos inúteis e desperdício de recursos.

Um entendimento e prática desse gênero podem ser, portanto, considerados como responsáveis pelo mau uso de recursos, pelo sentimento de frustração de pessoas, pelo atraso institucional e organizacional na promoção de resultados e transformações e, em última instância, pelas dificuldades com que as organizações e o próprio país se defrontam em todas as áreas, e que continuam aumentando apesar dos projetos para sua solução e dispêndio de vultosas somas que são pagas com frustração pela sociedade.

b) Projetos como condição para alocação de pessoas

Associada à lógica de insumo ou *input* para a obtenção de resultado ou *output*, anteriormente apontada, está a prática de elaboração de projetos para justificar pedidos de autorização de contratação de pessoas, pagamento de horas extraordinárias, ou reestruturação de contratos de trabalho.

Muitas instituições públicas empregaram muito esse tipo de projeto, que passou a ter valor meramente burocrático, uma vez que, depois de autorizada a solicitação objeto do projeto, não se busca estabelecer, acompanhar e avaliar mudanças resultantes do *input* de horas/trabalho proposto. Nesse caso, vale o projeto para justificar uma decisão e não para orientar um trabalho diferenciado e a obtenção de uma melhoria na realidade organizacional e seus serviços. É importante apontar que essa situação é facilmente identificável no próprio projeto que, via de regra, deixa de apresentar proposta sistemática de monitoramento e avaliação às ações propostas.

Evidencia-se, em decorrência, a utilização equivocada do método de projetos, que em vez de ser praticado para transformar uma realidade e produzir certos resultados desejados, o é para justificar a alocação de pessoas e maior carga horária de seu trabalho, o que, por si só geraria mais problemas organizacionais que soluções. Não admira, pois, que sejam inócuos, quando implementados a partir desse entendimento.

c) Projetos como condição para criar instituições ou novas unidades

Quando se pretende criar instituições ou novas divisões em instituições já existentes, projetos são necessários, uma vez que, por exemplo, a partir de uma análise objetiva das necessidades que se propõe atender, pode-se qualificar e dimensionar adequadamente as ações e serviços necessários para atendê-las. No entanto, projetos podem ser elaborados única e exclusivamente com o fim de legitimar a criação e garantir-lhe recursos, e, não com o fim de orientar sua criação, estabelecer-lhe uma identidade, propor-lhe direcionamento e clareza de ações e garantir-lhe o dimensionamento e aporte de recursos necessários para seu bom funcionamento. Tal situação ocorre quando o que orienta o projeto de criação é, sobretudo, uma questão de divisão de trabalho, de redefinição de espaços de influência entre os atores, em vez de a definição de uma nova estratégia mais fortalecida e empreendedora para o desenvolvimento da organização. É possível até mesmo encontrar situações aberrantes em que se organiza uma nova unidade secundária para desviar uma pessoa da rota principal de ação. O projeto resultante de uma tal intenção resulta, portanto, uma mera fantasia.

Nesse caso, a unidade nasce com um caráter burocrático, sem linha de ação, sem metas próprias e sem gerenciamento, sendo, portanto, fadada à mediocridade. Instituições ou novas unidades são meio para realizar um ideário e seus respectivos objetivos, e não um fim em si mesmas, em vista do que o projeto de sua criação deveria constituir-se em um compromisso de implementação desse ideário e realização de seus objetivos. Deveria também ter claros os desafios que os tornam necessários e as estratégias de como serão enfrentados.

d) Projetos como legitimação e justificativa de manutenção do *status quo*

Dado que o projeto pressupõe a orientação para criar uma situação futura desejada, utilizá-lo para justificar a manutenção do *status quo* corresponde a uma situação por demais incoerente. Mas ela existe, principalmente nas organizações formais burocratizadas.

Nessas instituições utiliza-se a elaboração de projetos como forma de dar legitimidade e documentar o que já foi feito. Há dúvidas que isto seja praticado? Não é, infelizmente, tão incomum assim, principalmente em órgãos públicos, que são mantidos pela sociedade, apesar de não demonstrarem muita eficácia, nem tampouco, eficiência na realização do seu trabalho. Muitas vezes ocorrem encomendas, por parte daqueles que tomam decisão, para que sejam desenvolvidos projetos que organizem – e dessa forma legitimem – decisões tomadas sem nenhuma base objetiva de dados e informações que as justifiquem como condição para promoverem resultados capazes de alterar a situação vigente.

No âmbito público, não é necessário procurar muito para encontrar tais exemplos, que deixam de levar em conta a prática de analisar a realidade, dimensionar os problemas, fazer análises prospectivas, para tomar decisões. Observa-se facilmente como elas ocorrem por "vontade do governante de plantão", muitas vezes em total desacordo com as melhores perspectivas de mudança da realidade. Mas não nos enganemos. Tal situação também ocorre no setor privado, embora tal situação seja menos evidente (talvez mesmo porque sejam consideradas privadas e não públicas e por isso não sejam tão facilmente divulgadas). É possível apontar, no entanto, que tal prática corresponderia a dar um tiro no pé – o setor privado sente a dor direta e prontamente e, portanto, tem melhores condições de aprender com a lição, procurando evitar essa prática; no setor público, a dor é generalizada e diluída na sociedade, podendo ser a sua causa até mesmo camuflada, daí por que permanecer nesse setor, muitas vezes impune.

e) Projetos como orientação articulada de inovação, melhoria e transformação

Todas as práticas anteriores devem ser superadas, pois a quem se propõe a elaborar projetos para a melhoria compete, forçosamente, estar orientado para promover ação transformadora ou inovadora em seu contexto de trabalho. Considerando que toda situação de trabalho é dinâmica e inter-relacionada a múltiplos fatores, deve-se entender a elaboração de projetos como um processo de resolução de problemas e criação de novas e melhores situações, processo esse igualmente complexo, dinâmico e interativo e que envolve atores, como agentes transformadores, tal como já anteriormente identificado.

Entende-se projeto, nesse contexto, como um conjunto organizado e encadeado de ações de abrangência e escopo definidos, que focaliza aspectos específicos a serem abordados num período determinado de tempo, por pessoas associadas e articuladoras das condições promotoras de resultados, com um determinado custo.

Considerando que sua elaboração se justifica por sua implantação e implementação efetivas, visando novas ações e realidades, a fase de seu planejamento já deve ser promovida como uma iniciação à implantação de suas ações, isto é, efetivada de modo a desenvolver entre os envolvidos uma sinergia para o trabalho a ser empreendido, uma catalisação de propósitos e de objetivos em tempo determinado, além de comprometimento com a construção de condições para sua efetivação e obtenção dos recursos necessários para esse fim, sempre tendo em mente a transformação da realidade para promover benefícios às pessoas e organizações.

Em vista disso, mais importante que protocolos e roteiros detalhistas para a elaboração de projetos, são as questões paradigmáticas, conceituais e estratégicas que orientam sua elaboração, implantação e implementação e que devem nortear as questões administrativas e operacionais. Isto porque o planejamento constitui-se em processo mental dinâmico, contínuo e complexo, desenvolvido antes, durante e após realizar-se intervenções sistemáticas e orientadas para transformar ou inovar uma situação e obter certos resultados.

Consequentemente, elaborar projetos não é um procedimento estanque e dissociado da ação, antecedendo-a; pressupõe uma ação mental anterior à organização de esforços e condições para sua implementação, mesmo porque os projetos só têm significado se traduzidos em realidade. Vale lembrar que esse processo mental continua durante o processo de implementação do projeto e posteriormente, na fase de sua avaliação somativa.

Elaborar projetos caracteriza-se por um processo de construção de conhecimentos e compreensão de uma realidade, associado à construção de compromisso para transformar, inovar ou desenvolver os projetos, além de prever condições para efetivá-los. Portanto, como processo de construção de conhecimento, a elaboração de projetos se traduz por ser um processo aberto e flexível, de modo que seja continuamente desdobrado e articulado, à luz de novas informações e da própria mudança da realidade que se propõe promover. Esta é uma das razões pelas quais o que orienta a elaboração de projetos é o espírito científico, sempre aberto e questionador das pessoas envolvidas e não, simplesmente, esquemas formais de sua elaboração. Estes são apenas apoios à objetivação das ideias, concepções e orientações delineadas para, por sua vez, orientarem a ação.

*A elaboração de projetos constitui-se no processo de canalização e concentração de inteligência, esforços e condições necessários para garantir resultados e transformações desejados.*

### Questões para reflexão

Reflita sobre os projetos que você conhece e de que participou:

- Que significados expressaram, a partir das reais intenções que os orientaram?
- Que funções eles exerceram?
- Que situações e condições determinaram os significados e funções praticados?
- Que resultados gerais foram verificados em sua aplicação?
- Como você se propõe a contribuir para a superação de possíveis práticas limitadas de elaboração de projetos em sua organização?

**Quadro 1 – Natureza do método de projetos**

*Princípios do método de projeto*

- Visão de resultados e de ações concretas.
- Concentração e canalização de esforços e energias.
- Apropriação e mobilização de recursos.
- Caracterização clara e objetiva do foco.
- Agilidade e versatilidade, na busca de resultados.
- Tempo e recursos delimitados.

*A que o método de projeto se contrapõe*

- Visão genérica, inespecífica e difusa.
- Superficialidade no entendimento da realidade.
- Ação dispersa e desconcentrada.
- Ativismo e imediatismo.

## 3. Projetos não estabelecem soluções mágicas

Muitas vezes se diz que é melhor andar que ficar parado, é melhor pecar pela ação do que por omissão. De fato, não se deve esperar que as situações indesejadas se modifiquem por si mesmas ou desapareçam naturalmente – se assim fosse, não seriam necessários os gestores. Mas agir sem clareza sobre o que se faz e suas possíveis consequências pode ter resultados piores do que ficar parado. Isto porque, agindo dessa forma:

- Gastam-se recursos, sem possibilidade de que gerem resultados, produzindo o desperdício que, por si só, já corresponde ao agravamento da situação que se pretende resolver.
- Suscitam-se esperanças infundadas que destroem a credibilidade organizacional e profissional.
- Promove-se a desesperança na mudança por ações futuras.
- Cria-se a cultura do "faz de conta", da ação sem compromisso com resultados, e da prática inconsequente.
- Gera-se a cultura do fracasso.
- Estabelecem-se dificuldades especiais de gestão.

Essa prática inadequada produz efeitos desastrosos, em vista do que, vale a pena analisá-la:

### 3.1. A prática exagerada na gestão por projetos

Administrar por projetos estratégicos oferece uma vantagem, pois estes estabelecem, de maneira evidente, a direção e o alcance das ações, projetando-as no futuro, indicando a concentração de esforços e a mobilização de recursos. Esta prática garante, também, agilidade e flexibilidade na consecução dos resultados definidos pelo planejamento, o que não ocorre nos planos globais de ação, que têm por objetivo definir intenções globais.

Há, porém, que se cuidar contra a tendência de pulverizar todas as ações da organização em múltiplos e pequenos projetos, de modo a criar um leque multifacetado de projetos, que colocam seus responsáveis em contínua tensão, pois, dada a quantidade, passam a diluir sua atenção por inúmeros projetos concomitantes, estabelecendo interrupções, hesitações, ansiedade e fragmentação das ações – todas essas, condições a que, aliás, o planejamento deveria contrapor-se.

Um funcionário de uma grande empresa onde ocorre essa prática desabafou:

> É muito difícil trabalhar assim, temos que tocar vários projetos ao mesmo tempo e não sabemos pra que lado correr. Muitas vezes os projetos dizem respeito a coisas bem diferentes e nossa atenção fica dividida, não conseguimos aprofundar as ações e elas são rápidas e sem sentido. A sensação que se tem é de que estamos divididos e fazemos tudo pela metade. Seria melhor que tivéssemos um ou dois projetos mais abrangentes, que faríamos as coisas mais bem feitas, com melhores resultados.

A partir desse depoimento é possível conjeturar que ocorre na situação falta de visão do todo, o que provoca:

- Frustração do funcionário diante da diversidade de projetos.
- Superficialidade de ações, que impede a promoção de mudanças significativas.
- Desconcentração e desgaste de energia.
- Pulverização da atenção.
- Orientação reativa.
- Falta de orientação para resultados.

Em suma, como acrescenta aquele mesmo funcionário, o exagero na prática de gestão por projetos gera uma situação em que "é pior a emenda que o soneto".

Muitos projetos podem ser propostos como resultado de maior especificação e detalhamento de ações, dada a importância de objetivos específicos. No entanto, torna-se necessário garantir o controle das condições para sua efetivação:

- Que haja pessoas suficientes e com competência adequada e determinação para executá-los.
- Que se estabeleça e mantenha a articulação contínua entre os projetos para garantir a unidade.
- Que seja continuamente promovido o espírito de equipe entre os profissionais de diferentes projetos.
- Que o seu estabelecimento esteja em acordo com o respeito à prioridade e questões essenciais (é muito comum o estabelecimento de projetos para a efetivação de resultados secundários, sem grande impacto sobre os problemas e menos ainda sobre o sistema em que se contextualiza).
- Que sejam discutidas e analisadas as questões fundamentais (pressupostos e objetivos) dos projetos e não apenas as suas questões operacionais.

## 3.2. Desperdício e fracasso planejados

Projetos que estabelecem objetivos e metas, sem efetivamente levar em consideração as condições para implementá-los, podem não passar de sonho. Podem, ainda, contribuir para a construção de uma cultura de desperdício e fracasso crônicos, uma vez que são realizados trabalhos e despendidos recursos e energia, sem chance de sucesso, conforme já apontado.

A fase de planejamento e elaboração de projeto, propriamente dita, que antecede à ação, é de extrema importância, uma vez que é determinante do que irá acontecer. As características de produtos, o alcance de serviços, os índices de falhas ou de qualidade são determinados, em grande parte, durante o planejamento, tal como indicado por Juran (1994: 2) e podem ser, portanto, controlados.

Na elaboração de projetos, cabe aos gestores responsáveis por sua coordenação e execução orientar seus trabalhos no sentido de evitar:

- Programações irrealistas e sonhadoras, não perdendo de vista, no entanto, a necessidade de que sejam ousadas.
- Visão limitada e tendenciosa da realidade.
- Orçamento exagerado ou insuficiente de modo que inviabilize as ações: no primeiro caso, gerando mais problemas, pois nenhuma ação é boa se gasta mais do que o necessário; no segundo caso, por gerar expectativas de ação que não irão se materializar, de que resulta, na continuidade, um imobilismo crônico.
- Objetivos e metas descolados da realidade, irrealísticos e imprecisos.
- Proposições metodológicas que desconsiderem a cultura organizacional vigente ou que sejam unidirecionais.
- Falta de relação entre meios e fins, isto é, entre os resultados pretendidos e a metodologia utilizada para alcançá-los.
- Falta de definição de resultados específicos e sua associação a pessoas responsáveis por sua efetivação em período determinado de tempo.

## 3.3. Desvio de atenção do básico e do essencial

Algumas organizações que costumam administrar por projetos, o fazem para implantar e implementar ideias criativas e novas ações ao sistema focado. Com bons projetos criativos e inovadores é possível injetar novo ânimo no sistema e elevá-lo a um patamar mais avançado de competência e produtividade. Com essa prática, no entanto, não se pode perder de vista as funções e responsabilidades básicas do sistema e da organização, relegando-as a segundo plano.

Certas organizações que praticam a gestão por projetos investem substancial atenção e talento nesses projetos especiais, e desconsideram a base estrutural dos seus negócios. Tal medida corresponderia a caprichar na guarnição de um prato de carne, providenciando alcaparras, champignon e ervilha, para serem aplicados em carne de segunda. Exemplo dessa situação pode ser identificado naquelas organizações que decidiram investir em projetos de implantação da qualidade total, desconsiderando a cultura e processos vigentes. Os projetos em si passaram a ser o carro-chefe, sem atenção às práticas e modo de ser e de fazer das pessoas. São evidentes os fracassos de tais projetos que, depois de algum tempo, foram abandonados.

Eis, pois, mais uma situação em que os projetos são mal aplicados, por descuidarem do básico, do essencial e do contínuo que estabelecem a vida, a natureza e a continuidade do sistema. Vale dizer, portanto, que não se deve investir em projetos específicos, desconsiderando-se as estruturas culturais e funcionais sobre os quais se assentam.

> **Questões para reflexão**
> - Que atitudes e ações se devem evitar para que os projetos possam ser úteis?
> - Que cuidados se devem tomar a fim de se evitar a perspectiva mágica algumas vezes atribuída aos projetos?
> - Nos contextos em que você tem trabalhado, encontrou algum dos aspectos relatados nesta unidade?
> - Como poderiam ser evitados?

> Um plano de ação escrito apresenta uma importante mensagem, mesmo antes de ser lido. Ele indica que a organização é suficientemente séria e comprometida com bons resultados, a ponto de elaborar um plano formal para orientar esse trabalho (GUMPERT, 1995).

## 4. Análise de resistências ao planejamento

Embora o planejamento, constituído por processo mental de organização do trabalho, seja reconhecido como condição necessária para que a ação possa ser mais efetiva no alcance dos resultados pretendidos, verifica-se ser frequente a resistência de gestores em assumir essa prática, principalmente por julgarem urgente "pôr a mão na massa" e produzir resultados.

Assim como há muitos profissionais que, para atrasar o seu envolvimento na implementação de uma ação ou transformação no contexto de trabalho, se enveredam durante tempo exageradamente longo na prática do planejamento, há também aqueles que evitam se comprometer com ela.

Alguns profissionais costumam utilizar uma série de argumentos para se desculpar por suas evasivas em planejar seu trabalho, ou por fazê-lo apenas como um procedimento formal na produção de um plano ou projeto a ser utilizado como justificador ou legitimador do seu trabalho junto aos superiores e ao público em geral, e não para orientar de forma efetiva a sua prática. Assim, várias situações e aspectos do contexto de trabalho são utilizados como pretexto para não planejarem.

Esses profissionais indicam certas dificuldades e limitações que, segundo afirmam, os impedem de planejar seu trabalho. Essas dificuldades e limitações são de natureza e origem variada, sendo comumente apontadas, por exemplo, como falta de tempo; pressões do ambiente para que sejam realizadas tarefas de resultado imediato; condições inadequadas no contexto organizacional, para a realização de um trabalho de sentido estratégico mais amplo; entendimento limitado da importância e do papel do planejamento; falta de habilidades necessárias ao planejamento, dentre outros.

Uma outra forma de resistência caracteriza-se por uma generalizada desvalorização do planejamento, mediante a sua associação linear a um procedimento simplificador e mecânico de abordagem à problemática organizacional. Dessa forma, confunde-se a organização com burocratização limitada e manietadora.

É importante que o gestor adote uma atitude de revisão crítica de seus motivos e atitudes em relação ao planejamento – como, aliás, em relação a qualquer perspectiva de atuação – a fim de que possa superar as limitações e os pontos de resistência que impedem o aperfeiçoamento dessa prática. Ressalta-se que o próprio fator de resistência indica um problema para cuja superação é necessário um processo de planejamento, isto é, um esforço no sentido de identificar essa problemática, de caracterizar a rede de fatores e atitudes a ela associados, de análise das relações desses fatores e atitudes, de previsão de sua evolução e desdobramentos, de tomada de decisões sobre o estabelecimento de esforços para vencer a resistência e de delineamento desses esforços e ações respectivas.

A seguir são comentadas essas dificuldades mais comuns apresentadas por gestores a respeito da questão[3].

### 4.1. Falta de tempo para planejar

Um dos argumentos mais frequentes contra o envolvimento no processo de planejamento é o da falta de tempo. Indicam os gestores que há tanto que fazer em períodos de tempo tão limitados, que consideram melhor e mais prudente "começar a fazer logo e atender às demandas", em vez de "perder tempo na análise de objetivos e de estratégias de ação", mediante uma compreensão prévia do que, para que, como, quando, onde, com quem, para quem, deve ser a ação desencadeada. "Tudo se pode conhecer no processo", afirmam esses profissionais. De fato, o processo constitui-se em extraordinária condição de construção de conhecimento[4] e se deve estar atento a ele, até mesmo para garantir a flexibilidade às ações.

Entendemos, no entanto, que, quanto mais escasso for o fator tempo, maior é a necessidade de se planejar. Quanto menos tempo se tem para realizar alguma coisa, mais se deve cuidar para bem utilizá-lo, pois ele se torna um bem mais precioso. Deve-se ter em mente que na sociedade do conhecimento, marcada pelas inovações constantes, pela agilidade e rapidez, o tempo é um bem cada vez mais limitado e valioso. Aliás, uma área importante de conhecimento e ação do gestor é a gestão do tempo. Em todos os manuais que tratam da questão, o planejamento é apresentado como a estratégia fundamental

---

3. Esses fatores foram levantados em pesquisa com gestores da educação, publicados em Lück (1998) e confirmados em inúmeros programas de capacitação com profissionais de várias áreas.
4. Para Kant, o processo de conhecer se assenta sobre o fazer.

para a economia e bom uso do tempo. É indicado que toda hora aplicada em planejamento eficiente economiza três ou quatro horas na execução, além de produzir melhores resultados, maximizando o valor do tempo despendido.

O bom-senso indica que o gestor, ao sentir-se assoberbado em seu trabalho, deve analisar sua perspectiva de tempo e posicionar-se quanto a se pretende controlá-lo ou se prefere utilizá-lo de forma errática, deixando seu uso à mercê de circunstâncias aleatórias, sem controle algum.

Podemos afirmar que a alegação da falta de tempo para planejar está diretamente relacionada a uma perspectiva imediatista e aligeirada de trabalho, em vista do que o sentido de urgência superficializa as ações e põe em risco seus resultados, empobrecendo-os significativamente.

O planejamento constitui condição imprescindível para o bom uso e a maximização de tempo, por organizar, previamente, todos os processos necessários ao bom desempenho.

## 4.2. Preocupação com soluções imediatistas

O planejamento como processo que antecede às ações é função de organização estratégica, administrativa e operacional. Como tal, seu ponto imediato de convergência não é, como já foi indicado anteriormente, a implantação imediata de serviços. Reconhece-se que planejar requer tempo, energia e dedicação que não se traduzem na produção de resultados imediatos. As consequências do planejamento são indiretas, uma vez que são alcançadas mediante as ações de sua implementação. No entanto, quando o planejamento é realizado com envolvimento, já se desenvolve nesse processo uma predisposição para a produção de resultados pretendidos, o que os maximiza.

Como consequência daquela visão errônea e limitada, muitos gestores deixam de compreender e de antever os benefícios do planejamento e dedicam-se mais à modificação urgente de situações, à rápida resolução de problemas e, o que mais ocorre, à pronta execução de serviços e de tarefas sem um sentido mais amplo e sem um relacionamento com um projeto global de transformação da cultura organizacional. Nesse caso, o senso comum e a compreensão superficial da realidade é que norteiam as ações que, por isso mesmo, reforçam o *status quo* que, em última análise, resultam na frustrante prática de "apagar incêndio".

Reforça-se que, quando ocorre o predomínio das preocupações por soluções imediatas, atua-se sob o controle dos problemas e não de maneira a superá-los, uma vez que as ações tendem a ser reativas e não proativas. Essa prática de "apagar incêndios", que representa um grande desperdício de tempo e desgaste de energia, ocorre justamente por falta de planejamento.

Com o planejamento se pretende criar resultados de longo alcance, que superam, por sua abrangência e visão aprofundada, as dificuldades menores.

### 4.3. Influência de pressões do contexto de trabalho

Relacionados à falta de tempo e às preocupações com a busca de soluções imediatas, estão as pressões dos companheiros de trabalho, sejam eles subordinados, superiores, ou colaterais, traduzidas nas expectativas que têm em relação ao trabalho do gestor.

Comumente, tais companheiros exercem pressão direta ou indireta, explícita ou implícita, intensa ou sutil sobre o gestor, no sentido de que apresente soluções imediatas e definidas em relação a problemas específicos. O gestor, nesse contexto, passaria a ser visto como um solucionador de problemas, por esses companheiros. Tal expectativa estaria associada à falta de uma visão global e estratégica no encaminhamento das questões da organização – muitas vezes, pelo desconhecimento do sentido da gestão e pela falta de informação a respeito das atribuições e possibilidades de atuação profissional nessa perspectiva. É preciso ressaltar que, neste caso, o estilo de gestão é reativo, linear e não participativo e que, antes de se adotar a metodologia de projeto, é necessário mudar o estilo de gestão.

Resulta, pois, a influência sobre a atuação do gestor, em geral, de expectativas inadequadas, que vinculam o seu trabalho apenas à solução de problemas pontuais, pelo seu aspecto do momento, principalmente os de sentido reativo e remedial e que, vistos dessa forma, escapam ao escopo de ação sistemática, planejada, direcionada por uma visão estratégica e inovadora.

Sucumbindo a essas pressões, muitos gestores experimentam uma atitude negativa em relação ao planejamento e chegam a se convencer de que não adianta planejar. Aliás, em consequência de sucumbirem às pressões, muitos gestores que no início de cada ano determinam os objetivos e as metas de seu trabalho anual, deixam de interessar-se por sua efetivação e passam a atender às frequentes e variadas solicitações não previstas que ocorrem no dia a dia, e a sentirem-se momentaneamente realizados em *quebrar os galhos* que lhes são apresentados.

Essa situação, por certo, reforça ainda mais aquela atitude negativa, sem que o gestor se dê conta de que o planejamento fora realizado como um processo meramente formal, pois se o abandonou é porque já não tinha um compromisso com o seu desenvolvimento, ou o propusera com base em uma visão abstrata, sonhadora ou burocrática da organização de seu trabalho, não levando em consideração as suas necessidades cotidianas, e considerando-a como se fora sem conflitos, sem tensões e sem as naturais dificuldades inerentes a toda dinâmica social.

Por outro lado, essa situação conduz a que se conclua sobre a importância de se considerar o planejamento como um processo mental de tomada de decisão compartilhada que envolve a compreensão, de forma ao mesmo tempo analítica e global, da realidade organizacional, na qual as circunstâncias empreendedoras são dinâmicas e contraditórias e passíveis de sucesso, na medida em que, vivenciadas com espírito de equipe, compartilham responsabilidades.

Torna-se necessário, portanto, visualizar, sob a perspectiva do planejamento, as expectativas dos participantes da organização sobre o trabalho do gestor e do seu próprio na organização, buscando-se uma melhor integração e maior compreensão de suas atribuições profissionais.

> O planejamento realizado colaborativamente possibilita a obtenção de resultados maiores e melhores, assim como de condições mais adequadas de demonstrá-los.

### 4.4. Hesitação em assumir responsabilidades

O projeto que resulta do planejamento consiste em estabelecer um compromisso de trabalho, isto é, definir resultados. Ao fazê-lo, o gestor, com sua equipe, afirmam o seu comprometimento em promover determinadas transformações no contexto organizacional, por meio de ações específicas. Vale dizer, estabelecem seu termo de responsabilidade, o qual será cumprido, na medida em que atuem de acordo com as metas estabelecidas, os princípios e a missão organizacional. Em vista disso, um projeto não consiste apenas em determinar condições para se executar um trabalho, mas também, em um contrato de desempenho a ser tornado público, para se poder avaliar o cumprimento dos compromissos assumidos.

Como planejar significa definir e assumir compromissos, na medida em que estes não sejam definidos, deixa-se de estabelecer parâmetros objetivos para que se possa avaliar como, de que forma e em que extensão cumprem-se os deveres profissionais e organizacionais. Também os clientes, desconhecendo os objetivos, as metas e obrigações organizacionais, deixam de ter indicadores precisos para essa apreciação, o que os faz empregarem suas expectativas pessoais para tal fim, algumas delas muito pessoais ou muito vagas e difíceis de serem atendidas, em vista do que, na prática, comumente se registram avaliações negativas do desempenho profissional do gestor e da sua organização.

É válido ressaltar aqui que, na medida em que esse planejamento seja participativo, essa participação atua, naturalmente, construindo o sentido de responsabilidade coletiva, que garante o sucesso de projetos.

> Planejar representa assumir responsabilidade por implementar a proposta delineada.

### 4.5. Falta de conhecimentos sobre o planejamento e a habilidade em planejar

O planejamento como processo mental e decisório envolve conhecimentos e habilidades específicos de análise, síntese, prospecção, extrapolação, criatividade, discernimento, comparação, perspicácia, dentre outras, todas elas imperiosas para que se possa, com propriedade, identificar necessidades, analisar alternativas, estabelecer prioridades, definir objetivos, propor estratégias de avaliação do programa de ação, definir cronogramas. Esse processo mental envolve uma postura analítico-reflexiva diferenciada.

Planejar participativamente envolve também habilidades de trabalho em equipe, de envolvimento de pessoas e de articulação de seus esforços, uma vez que, sendo uma ação coletiva, implica que seja feita de forma interativa. Cabe apontar, no entanto, que, assim como sem espírito de equipe o planejamento não é implementado, sem planejamento a ação de grupos integrados é inócua e desorientada. A atuação de equipes só se torna produtiva na medida em que planejam seu trabalho, à luz de objetivos e metas. Do contrário, pode não passar de diletantismo, uma vez que, sem planejamento, nenhuma equipe é eficaz.

Observa-se, contudo, que se considera, muitas vezes, como importantes, conhecimentos e habilidades que dizem respeito à formalização de um plano ou projeto, e relacionadas com questões de linguagem, disposição formal de elementos e terminologia técnica. A ênfase sobre esses aspectos pode, no entanto, resultar na produção de belos projetos, mas inúteis porque realizados com preocupação voltada para a apresentação como legitimadora do trabalho, e não para a dinamização de ações que deveriam orientar.

A quem afirma não planejar, porque não tem os conhecimentos e as habilidades necessárias, assegura-se que, em última instância, aprende-se a fazê-lo efetivamente, empenhando-se reflexivamente nessa prática. Dado o caráter dinâmico do processo de planejamento associado à ação, o desenvolvimento de habilidades para o seu exercício só se promove na sua prática efetiva. Em vista disso, a simples familiarização com métodos e técnicas de planejamento, pela leitura de manuais como este, e a realização de exercícios fora do contexto e situações reais, pode, muitas vezes, apenas induzir o desenvolvimento de preocupação exclusiva ou exagerada com o aspecto técnico formal, deixando de lado a dimensão política e interativa que a elaboração e implementação de projetos efetivos exige. Deve-se ter em mente, por conseguinte, que a plena competência se desenvolve mediante a prática em situações reais, na qual os conhecimentos teóricos são testados, reformulados e expandidos.

A todo gestor que se preocupa com o bom desempenho e a qualificação profissional compete planejar seu trabalho e não deixar para outrem esta tarefa. E é somente à medida que se envolve nesse exercício, de forma crítica e com vontade de aprender, que desenvolve e multiplica conhecimentos e habilidades relacionados ao planejamento e seu processo.

Cabe ressaltar que essas habilidades não são exclusivas do planejamento. Elas são gerais e aplicáveis em toda e qualquer situação de organização de prática profissional e se evidenciam já no momento em que o profissional se encontra realizando qualquer ação com vista a promover mudanças na realidade.

> Aprende-se a planejar, planejando – antes e durante a ação.

### 4.6. Falta de conhecimento sobre o objeto do planejamento

Não se pode planejar sobre uma questão que não se conhece. O resultado de tal situação corresponderia a uma visão genérica do problema e à superficialidade da proposta, o que será analisado mais adiante, sobretudo em relação à compreensão da situação-problema objeto do projeto. Quem planeja eficazmente deve conhecer o suficiente a realidade sobre a qual planeja: suas características e distribuição, processos e tendências, tensões e conflitos, história anterior da situação em foco no projeto, dentre outros aspectos.

Em muitos projetos, verifica-se a apresentação de uma boa fundamentação teórica, em que conceitos básicos a serem envolvidos no projeto são explicitados e aprofundados, sem que,

no entanto, sejam descritas as condições de sua expressão na realidade para a qual o projeto se destina, dessa forma revelando um descuido com a descrição do contexto de sua aplicação no plano ou projeto. Esta limitação deve ser superada no próprio processo de planejamento, mediante a utilização de instrumentos e modelos orientadores da análise da problemática.
– Como se expressam esses conceitos na realidade enfocada?
– Qual sua intensidade e frequência? – Quais seus desdobramentos? Quem são as pessoas associadas a eles e como? Estas são algumas das questões básicas que devem ser levadas em conta de modo a se poder compreender a realidade sobre a qual se quer trabalhar e intervir sistematicamente.

Vale lembrar aqui o que é lugar comum no contexto científico: a verdade não se manifesta na superfície. É preciso investigar, aprofundar a observação, aguçar a análise, a fim de se conhecer uma realidade.

Medo de conhecer representa o medo de assumir a responsabilidade de agir sobre o que se conhece
(Abraham Maslow).

## 4.7. Descrédito quanto ao planejamento

*Não adianta planejar, não vai sair do papel. A gente trabalha, se enche de expectativas e depois nada acontece.* Assim se expressou um funcionário quando convidado a participar do planejamento de inovações em sua organização. Para muitos, planejar representa um exercício ocioso e acadêmico, que produz um documento escrito, nada mais.

Evidencia-se a respeito uma atitude e percepção distorcidas sobre o planejamento, ressaltando-se também que os projetos não se efetivam por si próprios – é necessário muita força de vontade, determinação, compromisso com resultados e energia para implementá-los, em vista do que o trabalho em elaborar um projeto representa apenas o começo de uma caminhada de esforços. Quem planeja não pode *tirar o corpo fora* quando da execução do projeto proposto. Pode-se, portanto, afirmar que a atitude daquele funcionário, por si só, criaria as condições de fracasso do projeto.

Não se deve desacreditar da potência do planejamento, mas sim da capacidade dos planejadores, quando faltam habilidades e atitudes necessárias para sua execução. Mas, como se aprende a planejar e se desenvolve o gosto pela atividade planejando, o caminho é, necessariamente, o de, pela experiência, superar as limitações pela realização de projetos mais simples e de menor potência, que garantam sucessos estimuladores, de modo a, gradativamente, ir-se adotando linhas de ação de maior impacto.

> As expectativas de quem planeja, em relação à possibilidade de, a partir desse processo, vir a promover uma transformação ou mudança em uma situação, constituem-se em condição de sucesso desse processo.

## 4.8. Dificuldades pessoais do gestor-planejador

Indisciplina mental, falta de constância, hesitações, medo de se expor, descomprometimento, ansiedade, estas são algumas das características que certas pessoas apresentam e podem ser apontadas como limitadoras do seu envolvimento no planejamento ou, até mesmo, como indicadoras do seu impedimento em relação a essa função.

Tais características, porém, não são definitivas. Elas podem ser controladas ou revertidas por meio de exercícios, dentre os quais as próprias atividades de planejamento, uma vez que estas ajudam a superar aquelas limitações por meio de orientações diametralmente opostas. É importante levar em consideração o que a Psicologia nos ensina, no sentido de que maus hábitos não podem ser erradicados e sim substituídos por bons hábitos.

**Aplicar-se em processos mentais de planejamento representa adotar hábitos mentais que superem a indisciplina mental e assumir atitudes que minimizem o descomprometimento, a ansiedade e o medo de exposição.**

Todas as resistências ao planejamento apontadas estão intimamente relacionadas entre si, assim como os processos que venham a ser adotados para superá-las, devendo-se, portanto, estar aberto para esse processo interativo de melhoria global e conjunta.

### Questões para reflexão

- Você apresenta alguma resistência ao planejamento?
- De que tipo?
- Como se manifesta(m)?
- Avalie a repercussão da(s) mesma(s) no seu desempenho profissional.
- Como você pode controlar e superar essa(s) resistência(s)?

**Quadro 2 – Limitações a serem superadas em relação ao planejamento**

- A prática exagerada da gestão por projetos.
- O desvio da atenção do básico e essencial das situações.
- Desperdício e fracasso planejados.
- Falta de tempo para planejar.

- Preocupação com soluções imediatistas.
- Influência de pressões do contexto.
- Hesitações em assumir responsabilidades.
- Falta de conhecimentos sobre o planejamento e de habilidade em planejar.
- Falta de conhecimento sobre o objeto descrito quanto ao planejamento.
- Dificuldades pessoais do gestor-planejador.

# Aspectos específicos do processo de elaboração de projetos 2

A elaboração de projetos é um processo complexo que envolve uma variedade de aspectos, cuja compreensão permite ao gestor desempenhar de modo mais eficaz essa importante função de gestão. Dentre esses aspectos destacam-se as fases de elaboração de projetos, como os focos de um projeto e o processamento de informações, que serão descritas nesta unidade.

## 1. Fases da elaboração de projetos

A elaboração de um projeto é processo de maturação de ideias, caracterizado por observações, análises, comparações, reflexões e sistematizações. Em seu processo são identificadas três fases: estudos preliminares, anteprojeto e projeto (HOLANDA, 1974). Não se trata, portanto, de tarefa que se possa executar de forma aligeirada; ela é atividade reflexiva, que envolve contínuas retomadas, por meio de um processo gradual de alargamento e compreensão das problemáticas envolvidas e dos aspectos diversos que demandam a intervenção adequada sobre os mesmos.

Os *estudos preliminares* constituem-se numa primeira aproximação ao objeto do projeto orientada para a focalização mais clara das necessidades e perspectivas que o mesmo possa vir a ter. Para tal fim, são realizadas investigações exploratórias que determinam o seu rumo, assim como os indícios de sua viabilidade. Nesta fase, já são feitas as primeiras mobilizações das pessoas que deverão ser envolvidas na elaboração e na implementação do projeto. São, portanto, estabelecidas as bases de um processo cooperativo e, ao mesmo tempo, são delimitados o foco e abrangência do projeto, bem como a interpretação que se dá a ele.

Mediante investigação quantitativa e qualitativa, são definidas as necessidades e perspectivas, embora ainda de maneira elementar e imprecisa. O importante é determinar a ideia central do projeto, bem como apontar os elementos e recursos principais necessários a sua execução.

O *anteprojeto* caracteriza-se pela maior formalização e sistematização de todos os elementos que compõem o projeto. Nessa fase, delineia-se o processo de decisão, de modo que se possa fazer uma análise prévia de sua viabilidade, a partir da qual obtém-se maior segurança no delineamento do projeto final. Nessa fase, é necessário uma coleta e uma análise de dados mais completa e aprofundada sobre os desdobramentos múltiplos do foco definido para o projeto. Mediante processo participativo, envolvendo pessoas que devam participar da implementação do projeto, são feitas as análises e interpretações dos dados coletados à luz de uma visão estratégica que enfoque desafios e oportunidades.

O *projeto final* apresenta a definição clara e completa de todos os componentes do projeto, tendo por base o seu detalhamento, feito mediante análise ampla e objetiva dos dados e informações coletados. São especificados, além dos elementos básicos da realidade a ser mudada ou criada, os objetivos de mudança, os mecanismos, procedimentos e recursos necessários para a efetivação do projeto. A versão final é elaborada apenas quando se dispõe de informações seguras e consistentes que permitem estabelecer todos os seus elementos. Na unidade V deste trabalho são delineados aspectos que devem compor o projeto e, portanto, orientar as proposições a serem estabelecidas nesta fase, como na anterior.

## 2. Focos de um projeto

Uma das características de um projeto é a delimitação do seu foco ou raio de ação, a partir da circunscrição da atenção para questões específicas, consideradas prioritárias ou fundamentais. Essa especificação, no entanto, depende do tipo e natureza da organização e de suas necessidades e oportunidades. Assim, uma questão como desenvolvimento de equipe ou de pessoal, que é necessária em toda e qualquer organização, pode ter desdobramentos diferentes em diferentes organizações, tendo em vista a sua cultura diferente. Indústria, comércio, hospitais, escolas são alguns dos contextos onde se pode aplicar tais projetos, com conotações diversas, tendo em vista a especificidade de seus objetivos e de sua cultura organizacional.

Pode-se, no entanto, apontar focos de interesse para cada uma dessas organizações, como se apontará a seguir.

*Indústrias*

- Criação e desenvolvimento de um novo produto.
- Adoção de novas tecnologias para o processo de produção.
- Melhoria da qualidade da produção.
- Expansão de instalações e reorganização funcional.
- Aumento da produtividade.
- Redução de custos de produção.
- Reorganização de linha de produção.

*Comércio*
- Lançamento de um novo produto.
- Atração de novos clientes.
- Expansão de negócios.
- Análise de desempenho.
- Informatização de controle de estoque.
- Aumento de vendas.

*Hospitais*
- Controle de infecção hospitalar.
- Análise de demanda de serviços.
- Desenvolvimento de equipe.
- Diminuição da permanência do doente no hospital.
- Implantação de novos programas de saúde.
- Atendimento a clientelas com necessidades diferenciadas.
- Atração de recursos e de trabalho voluntário.

*Escolas*
- Elevação do rendimento dos alunos.
- Motivação de alunos e de professores.
- Capacitação de professores.
- Integração escola-família-comunidade.
- Formação e desenvolvimento de parcerias.
- Atração e retenção de alunos.
- Comunicação organizacional.

- Desenvolvimento da imagem da escola.
- Projetos pedagógicos especiais.

*Organização em geral*

- Implantação de mudanças organizacionais.
- Iniciação de novos serviços.
- Organização de processos operativos.
- Pesquisa de satisfação do cliente.
- Avaliação de desempenho e de resultados.
- Marketing organizacional.

É importante ressaltar que, independentemente da área e da natureza do projeto, este deve ter orientação estratégica, mediante visão global e futura, sem a qual passa a focar o *status quo* e a orientar-se reativamente por ele.

Quando se falha em planejar, planeja-se em falhar.

## 3. Processamento de informações

Boas informações são a base fundamental para a proposição de projetos eficazes. As informações constituem-se em valor estratégico fundamental, uma vez que é a partir delas, de sua qualidade, que se pode orientar para novos passos. A informação é, portanto, uma ferramenta extraordinária de gestão, daí porque todas as organizações que desejam atuar de forma consistente e não aventureira desenvolvem banco de dados e sistemas de informações continuamente atualizados para servirem a todo instante como base para a tomada de decisões que devam realizar.

Faz parte da natureza humana processar e responder a informações de seu ambiente, embora, na maior parte das vezes, isso seja feito de maneira inadequada, aligeirada e distorcida, até mesmo a partir de ideias preconcebidas. Frequentemente, nós o fazemos de maneira seletiva, embora nem sempre a partir de critérios claros e objetivos bem definidos. Pode-se, portanto, registrar um processamento passivo e um processamento ativo de informações.

O *processamento passivo* ocorre num nível mínimo de atenção que focaliza objetos mediante orientação por valores limitados, por interesses e objetivos imediatos, muitas vezes estabelecidos de forma inconsciente, não intencional e obscura. Tal processamento gera distorções da realidade e suas fontes de informação não são questionadas. Sabe-se, no entanto, que uma boa maneira de provocar desastres é tomar decisões e iniciar cursos de ação que afetam a organização e pessoas, com base em percepção distorcida da realidade.

O *processamento ativo* exige um elevado nível de atenção e é orientado por objetivos claros, específicos, voltados para a construção objetiva de uma compreensão clara da realidade. Definem-se as áreas prioritárias relacionadas ao objeto central da organização, estabelecem-se indicadores de qualidade, selecionam-se fontes de informações, estruturam-se instrumentos de coleta de dados, propõem-se métodos analíticos e sistema de processamento, armazenamento e utilização de dados e informações. É este processamento que conduz a decisões mais sólidas e, portanto, a maior garantia de bons resultados.

É importante ressaltar que o processamento de informações envolve não apenas fatos, mas opiniões, sentimentos, percepções, visões e tendências, uma vez que construímos o mundo a partir desses aspectos. Deve-se esclarecer, no entanto, que as opiniões são identificadas para serem analisadas e compreendidas e não simplesmente para serem adotadas na orientação de projetos.

Sabe-se que nem sempre podemos ter um quadro preciso e objetivo da realidade, e que não conseguimos determinar com precisão todos os seus detalhes. Aliás, esta é uma condição praticamente impossível, não apenas em decorrência de nossa limitação, mas, sobretudo, como resultado da dinâmica da realidade. Em consequência, o processamento de informações, na fase de elaboração do projeto, deve envolver o estudo de cenários futuros e de estimativas, de modo a se ter aproximações e perspectivas sobre esse quadro e não se correr o risco de ser apanhado de surpresa.

Não há raciocínio crítico sem boas informações.

# 3 Eixos e características de projetos que funcionam

Para que projetos propostos possam ser efetivos devem ser elaborados a partir de certas condições fundamentais, possibilitadoras de que extrapolem o sentido limitador, formal e burocrático que algumas vezes lhes são atribuídas. Essas condições são: enfoque no futuro, participação e envolvimento, tomada de decisão e processo mental interativo.

## 1. Enfoque no futuro

As organizações e situações que desejamos são criadas por nós, primeiro por uma predição e depois por atos que implementam a ideia criada. Uma visão de futuro orienta todas as nossas ações, e é na medida em que sejamos capazes de articular e explicitar objetivamente esse futuro que teremos possibilidade de criá-lo.

Sem uma visão de futuro, viajamos ao sabor dos ventos, sujeitos a ficarmos parados em condições de calmaria, a afundarmos em tormentas, a sucumbirmos por falta de alimento. Diante das situações mais difíceis, é ela que representa a luz no fundo do túnel, de que se fala comumente.

Um sentido de futuro orienta todas as realizações humanas e lhes dá impulso e direcionamento. É a partir dele que a espécie humana se torna empreendedora e constrói a civilização. Tudo que fazemos no presente visa um resultado futuro. Este, no entanto, só é alcançável a partir da clareza da prospecção realizada e da objetividade da análise de tendências.

O planejamento, embora leve em consideração o passado e o presente, tem por orientação superá-los, tendo em vista construir uma realidade de sentido melhor. A orientação para o futuro faz parte da natureza humana e se constitui, aliás, no próprio sentido das organizações – o vir a ser, o devir, o desenvolvimento são alguns conceitos que representam essa tendência humana. Ações, vidas e instituições positivas são aquelas que se orientam por uma visão de futuro, que por si só transforma o presente, dando-lhe um ímpeto de direcionamento, de construção, de missão. Pode-se afirmar que essa visão corresponde a uma visão estratégica.

Desde há algum tempo, registra-se, no mundo inteiro, uma antecipação no sentido da sistemática e organizada antecipação do futuro, intensificada pela visão do início do III Milênio. Países, empresas e instituições em geral organizam-se no sentido de prever as características de uma nova era e de se preparar para fazer face às novas condições de vida, direcionando, desde já, ações para tanto. Foram instituídas comissões e grupos de estudo, foram fundados comitês, departamentos e organizações para esse fim. Ultrapassada a passagem do III Milênio, já se orientam para uma data futura, o ano de 2020, procurando antecipar as suas necessidades e antecipar-se a elas. Dois pensamentos iluminam tais perspectivas: "O futuro não é o que tememos, mas o que ousamos", emitido por Carlos Lacerda, político e jornalista fluminense (1914-1977), e "Olhar muito para trás é tedioso. A excitação está no amanhã", enunciado por Nathalia Makarva, bailarina russa.

O mundo moderno, caracterizado por ser uma sociedade global, é marcado pela exploração de informações e de conhecimentos tecnológicos e científicos que não só tornam a sociedade mais complexa, mas também condiciona o desenvolvimento de maior complexidade. Diante dessa situação, práticas orientadas pelo hábito, pelo modo vigente e costumeiro de fazer as coisas, pelo já conhecido, evidenciam-se como sendo extremamente limitadas, pobres, conservadoras e caracterizadas pelo desperdício. A perspectiva da realidade dinâmica, que já está marcando uma série de transformações desta realidade, das suas instituições, das empresas e das pessoas, já é, por si, transformadora, uma vez que, no contexto inevitável do seu movimento, gera propulsão e energia.

A ótica futurista focaliza, portanto, de forma prospectiva e estratégica, a possibilidade de criação de uma nova realidade, a partir da realização de projetos. Dessa forma, visualiza o sentido acelerado do conjunto de mudanças localizadas nos diversos segmentos da sociedade e que vêm, em conjunto, condicionar e promover transformações significativas na sociedade como um todo o que, por sua vez, dado o seu caráter percuciente, demanda mudanças e transformações em seus segmentos menores.

Quem ignora o rumo, não chega a seu destino<br>(Menotti Del Picchia).

## 2. Participação e envolvimento

Projetos que funcionam são aqueles que correspondem a um projeto de vida profissional dos que são envolvidos em suas ações e que, por isso mesmo, já no seu processo de elaboração, canalizam energia e estabelecem orientação de propósitos para a promoção de uma melhoria vislumbrada. Há de se ressaltar, ainda, que problemas e soluções envolvem pessoas, passam pelas pessoas e são delas decorrentes.

Em decorrência, esses projetos são elaborados com a participação daqueles que irão envolver-se na transformação/inovação pretendida para a melhoria, de modo criativo e inteligente. Essa é condição básica para que se evite o surgimento de resistências e tensões desnecessárias, além de promover o envolvimento e sinergia fundamental para a eficaz implementação de projetos, uma vez que a melhoria depende de ação comprometida e participativa, coletiva e realizada mediante espírito de equipe.

Em vista dessa necessidade, qualquer diagnóstico que o projeto envolva deve incluir o exame de como as pessoas percebem os problemas e as situações, como reagem diante dos mesmos e de como se veem em relação a eles. É comum, porém, que os atores tenham perspectivas limitadas e fixas sobre a situação vivenciada, o que conduz inevitavelmente à busca de soluções e estabelecimento de intervenções igualmente fixas e limitadas. Participar na discussão dos problemas ajuda a superar essa limitação, pela oportunidade de torná-las públicas e de se contrapor a elas com perspectivas mais abrangentes.

## 2.1. Como promover essa participação?

Possibilita-se a participação pelo estímulo e oportunidade oferecida aos implementadores do projeto, de envolverem-se na sua elaboração, indo da análise da realidade, do levantamento de alternativas de ação, da identificação de prioridades até a tomada de decisão. Para tanto, os mesmos devem ser estimulados a:

- Refletir sobre seu trabalho e respectivo contexto.
- Ir além da compreensão superficial e imediata da realidade.
- Extrapolar o senso comum e o reforço a ideias preestabelecidas.

- Construir cenários e espaços novos de ação.
- Visualizar desafios e oportunidades.
- Explorar soluções criativas.
- Estabelecer sinergia de esforços e de talentos.
- Orientar-se por novos e mais amplos horizontes de trabalho.
- Explorar uma nova realidade em que assumem papéis como atores significativos.

### 2.2. O sentido pleno da participação

A participação, em seu sentido pleno, caracteriza-se por uma força de atuação consistente, pela qual os membros de uma unidade social reconhecem e assumem seu poder de exercer influência na determinação da dinâmica dessa unidade social, no seu modo de ser e de fazer e em seus resultados, poder esse resultante de sua competência e vontade de compreender, decidir e agir em torno de questões que são afetas a sua responsabilidade.

Cabe lembrar que toda pessoa tem um poder de influência sobre o contexto de que faz parte, exercendo-o independentemente de ter consciência desse fato ou da direção e intenção de sua atividade. No entanto, a falta de consciência dessa interferência resulta em falta de consciência do poder de participação que tem, do que decorrem resultados negativos para a organização social e para as próprias pessoas que constituem e constroem o ambiente organizacional.

Conforme indicado por Marques (1987: 69), "a participação de todos, nos diferentes níveis de decisão e nas sucessivas fases de atividades, é essencial para assegurar o eficiente desempenho da organização". No entanto, a participação deve ser entendida como um processo dinâmico e interativo que vai muito além da tomada de decisão, uma vez que é caracterizada pelo interapoio na convivência do cotidiano da organização, na busca, pelos agentes, da superação de suas dificuldades e limitações e do bom cumprimento de sua finalidade social.

Em síntese, a participação plena é caracterizada por:

- Mobilização e articulação efetiva dos esforços pessoais coletivamente organizados para a superação de atitudes de acomodação, alienação e marginalidade em relação aos processos.

- Eliminação de comportamento individualista e construção de sinergia de equipe voltada para a construção da visão estratégica delineada e realização dos objetivos propostos coletivamente.

É importante lembrar que a participação é um processo que envolve muito mais que consulta ou solicitação de informações a várias pessoas, como também não significa o arremedo de democracia pelo voto individual a respeito de ideias que devam ser implementadas, sem o comprometimento com sua implementação. A participação implica sonhar junto uma nova ideia, uma nova realidade e propor-se a sofrer junto as dificuldades de sua implementação.

Para a efetivação desse tipo de ação torna-se necessário, no entanto, que as organizações sejam mais horizontalizadas, que descentralizem o poder de decisão e que permitam espaço para autonomia, isto é, o exercício da responsabilidade não apenas pelas ações a serem desencadeadas, mas pela decisão a respeito dessas ações.

*É melhor contar com uma pessoa trabalhando
com a gente, que com três, trabalhando para a gente
(Bits & Pieces).*

## 3. Tomada de decisão

"Uma decisão é sempre uma escolha entre alternativas e pressupostamente a melhor forma de intervenção num contexto" (MALVEZZI, 1981: 132). Para tanto, ela envolve um conhecimento e mapeamento de processos e elementos necessários a alternativas de ação, tendo em mente uma visão prévia das condições e resultados desejáveis à luz de um conhecimento objetivo da realidade, do que deva ser mudado, como e quais as possíveis consequências dessa mudança.

A tomada de decisão é que respalda a construção do futuro segundo uma visão daquilo que se espera construir. Caso estejamos insatisfeitos com o presente, com a realidade tal como se apresenta, somente poderemos ter, no futuro, uma situação diferente, se tomarmos uma decisão a respeito da construção dessa situação desejada.

É importante reconhecer que o que somos e o que temos hoje foi, em grande parte, determinado pelas decisões passadas. Muitíssimas de nossas decisões sejam profissionais, sejam pessoais, foram, no entanto, "decisões tomadas por falência", ou omissão, uma vez que, tendo a necessidade de tomar decisões (essa necessidade se faz presente todos os dias de nossa vida), deixamos o tempo passar até o momento em que as circunstâncias se encarregam de desgastar as alternativas possíveis e, em consequência, de determinar um único rumo possível de ação. Adotando tal procedimento, abdicamos da nossa responsabilidade e da oportunidade e privilégio que temos de utilizar o livre-arbítrio de que somos dotados, mediante análise crítica da realidade, em cotejamento com visão estratégica de futuro.

A tomada de decisão não é, pois, uma simples conjectura ou expectativa do que se deseja obter ou ser, como por exemplo a de emagrecer a partir de um regime que começaremos a fazer na segunda-feira, que é sempre a próxima; ou, ainda, de melhorar nossa condição de saúde apenas a partir da compra dos medicamentos prescritos pelo médico e sem a disciplina em tomá-los, juntamente com mudança de hábitos de vida. A tomada de decisão corresponde, antes de tudo, ao estabelecimento de um firme e resoluto compromisso de ação, sem o qual o que se deseja não se converte em realidade. Cabe ressaltar que esse comprometimento será tanto mais sólido quanto mais seja fundamentado em uma visão crítica da realidade na qual nos incluímos. A tomada de decisão implica, portanto, ação objetiva e determinada para tornar concretas as situações vislumbradas no plano das ideias assentado em uma base de dados abrangente e coletada de modo sistemático.

Além desse sentido político, voltado para um compromisso efetivo com a transformação da realidade, a tomada de decisão não é possível sem uma análise racional e objetiva (que, evidentemente, não deve ser simplista e reducionista) do quadro a que se referir, dos seus problemas e das alternativas de ação sobre os mesmos. Sem essa análise, corre-se o risco de agir, de praticar ações de alcance limitado e até mesmo de promover ações cujos resultados sejam contrários ao esperado. Vale dizer que a tomada de decisão está calcada, sobremodo, na competência de quem planeja, uma vez que a decisão corresponde a uma série de processos lógicos, psicológicos e de ações que incluem o momento de decisão e a sua formulação.

Observa-se, no entanto, que muitas decisões são tomadas a partir de uma impressão vaga e genérica da realidade, a partir de uma opinião ou intuição. Sem desmerecer a importância da intuição para o planejamento e respectivas ações, assim como da imaginação, da criatividade, da originalidade e do sempre presente julgamento, subjetivo (o que coloca a todos que emitem julgamento, em posição de responsabilidade), é importante evidenciar que a potencialidade da tomada de decisões se fundamenta em um processo de reflexão lógica, racional e analítica que permite a compreensão, ao mesmo tempo aprofundada e globalizante, da realidade.

O processo de elaboração de projetos constitui-se em circunstância significativa de tomada de decisão. É ela que respalda a construção do futuro, segundo uma visão daquilo que se pretende construir. Se há alguma situação insatisfatória ou indesejável no momento, somente poderemos ter uma situação que supere a presente, caso tomemos uma decisão nesse sentido e a implementemos. Não podemos nos dar ao luxo da cômoda atitude de esperar que "no andar da carroça as abóboras se acomodem", isto é, que os problemas sejam resolvidos por si mesmos, espontaneamente. Nada mais inadequado do que essa atitude, uma vez que ao gestor compete situar sua organização na dinâmica do empreendedorismo para o que não apenas deve tomar decisões próprias e adequadas, como também estimular e criar condições que toda a organização as tome.

Podemos observar, no entanto, que, muitas vezes, aquela acomodação acontece e que, em consequência, os problemas se fortalecem. Tais situações resultam de uma única alternativa de ação, orientada pelo senso comum dos grupos envolvidos e pelo caráter normativo que nivela tudo por baixo. Quando adotamos tal prática, nos omitimos como profissionais e, consequentemente, depreciamos nossa identidade profissional. Mediante tal procedimento, o que fazemos, efetivamente, é deixar que os problemas se resolvam por si mesmos e abdicamos de nossa responsabilidade de direcionar inteligentemente os fatos e fenômenos. Para esse direcionamento é que, aliás, são contratadas pessoas com a responsabilidade de gestão.

A tomada de decisão corresponde, antes de tudo, ao estabelecimento de um compromisso de ação, sem o qual, o que se espera, não se converte em realidade. É importante ressaltar que esse compromisso é tanto mais efetivo quanto mais fundamentado em uma visão global e crítica da realidade pela qual somos responsáveis. Essa tomada de decisão corresponde à definição de um curso de ação escolhido por uma pessoa ou grupo de pessoas, como meio mais efetivo para realizar os objetivos definidos e criar as situações e realidade desejadas.

Ao tomar decisões ao elaborar o projeto cabe aos gestores levar em consideração que:

- A decisão é processo adaptativo, tendo em vista que as situações são dinâmicas, exigindo, a cada mudança e a cada informação nova, reavaliar a decisão tomada anteriormente e sua possível alteração.

- A decisão é tanto melhor e mais eficaz quanto mais corretas e completas forem as informações que se tiver para fundamentá-las.

- Embora a decisão seja um processo racional de análise de alternativas, para escolher a(s) mais promissora(s) e relevante(s), envolve também processo criativo, perspicaz e intuitivo, de modo a se poder criar novas realidades.

- Os valores dos tomadores de decisão e sua visão de mundo interferem significativamente nas decisões que tomam, pois determinam a maneira como veem a realidade e como se predispõem a nela intervir.

- O âmbito da tomada de decisão não apenas se circunscreve ao relativo à autonomia do tomador de decisão, como também, e sobremodo, aos seus horizontes culturais, conceituais, políticos e técnicos.

- A tomada de decisão compartilhada implica delegação de autoridade, no âmbito do grupo de ação, condição necessária para o compartilhamento de responsabilidades necessárias na fase de implementação.

A tomada de decisão constitui-se, pois, em um processo de resolução *a priori* de problemas, que envolve não apenas dados quantitativos da realidade, mas também análise de significados e julgamento de valor, fundamentais na determinação das melhores alternativas a seguir.

Considerando a tomada de decisão como sendo a escolha consciente de um rumo de ação entre várias alternativas possíveis, para se chegar a um resultado desejado, a melhor decisão consiste tanto na seleção adequada e respectiva definição do problema do projeto quanto na escolha da(s) alternativa(s) mais promissora(s) de ação.

Alguns cuidados devem ser tomados para que esse julgamento e determinação sejam eficazes, evitando-se:

- A *precipitação*, que determina a tomada de decisão prematuramente, sem uma visão ampla e aprofundada da realidade que se vai agir, e seu estudo adequado dos diferentes cursos alternativos de ação. Geralmente corresponde a uma tomada de decisão reativa que ocorre pressionada pela emergência dos problemas.

- A *improvisação*, que se caracteriza pela decisão em agir, sem que se tenha preparado tanto em relação a recursos físicos e materiais quanto a recursos humanos para agir, mediante o desenvolvimento de competências para o enfrentamento das novas situações, reações e desdobramentos do programa de ação. Geralmente ocorre em decorrência de excesso de confiança na própria pessoa sobre a realidade. Sem o cuidado de antecipação e previsão das situações novas, julga-se que se pode eficazmente pensar e cuidar dos problemas apenas quando surgirem, tal como se faz no senso comum.

- A *desatenção ao envolvimento de atores significativos*, que ocorre quando se centraliza a tomada de decisão em algumas pessoas. Sem o envolvimento de atores significativos na tomada de decisões não se pode desenvolver comprometimento com a efetivação da decisão, nem desenvolver olhos e ouvidos diversos para compreender a realidade adequadamente.

- A *falta de cuidado na conferência dos diferentes cursos de ação*, de modo a se definir, adequadamente, os mais promissores, assim como garantir que atendam às questões prioritárias, de maior e mais intenso alcance. Muitas ações podem garantir bons resultados em curto prazo, e topicamente agindo sobre questões de rotina e sem poder de impacto sobre transformações em médio e longo prazos e áreas adjacentes.

- A *falta de horizontes largos* dos tomadores de decisão, que lhes cerceia a visualização estratégica e lhes limita o enfoque sobre as questões mais próximas e imediatas e por isso provoca a tomada de decisão sem grandes repercussões, que, por sua vez, provocam muita ação e nenhuma transformação.

- A *recaída a práticas autoritárias e centralizadoras* na tomada de decisão, uma vez que estas tendem a engessar o processo e retirar dos atores o poder de autoria e, portanto, o ímpeto e empenho pela ação.

Não basta tomar decisões. É preciso tomar decisões acertadas.

## 4. Processo mental interativo

Somente a ação inteligente é capaz de transformar problemas em soluções, assim como sua falta transforma ações em problemas.

Planejar envolve operações mentais múltiplas, orientadas pelo espírito científico, dentre as quais destacam-se as de identificação, análise, comparação, extrapolação, classificação, dedução, indução, avaliação, síntese, previsão, dentre outras. Geralmente se observa esse processo mental sendo praticado de modo linear, a partir de informações muitas vezes descontextualizadas da realidade e do tecido vital de que emergem. Tem-se, nesse caso, a possibilidade de elaborar excelentes projetos do ponto de vista formal, com coerência interna, mas abstratos e dissociados da realidade é, portanto, sem condições de efetividade.

É importante lembrar que, sendo a realidade una, as fragmentações que se faz sobre a mesma, como estratégia para compreendê-la, resultam em construir meras abstrações, isto é, concepções irreais e fictícias. Para superar essa limitação, torna-se necessário que se promova uma interação dinâmica de seus elementos, mediante a aplicação interativa de processos mentais sobre o conteúdo articulado pelos mesmos.

Em síntese, deve-se estabelecer abertura de espaço para a tomada de decisão reflexiva conjunta e autônoma, de modo a superar a síndrome do funcionário ou gerente teleguiado que age a partir do que julga seja esperado por outros que faça, e não a partir de sua própria compreensão da realidade e questionamentos como:

- Qual é o problema? (identificação)
- Quais seus elementos e características? (análise)
- A que se assemelham? De que diferem? (comparação)
- Em que outras situações e contextos ocorrem problemas semelhantes? (extrapolação)
- Qual a frequência e proporção do problema? (quantificação)
- Que significados têm os fatos e fenômenos observados? (indução)
- Como se comparam os dados, os processos e seus significados, em relação a parâmetros desejáveis de qualidade? (avaliação)

- Que alternativas de intervenção são possíveis? (pensamento exploratório)
- Mediante a alteração para "A", ocorrerá "B" como resultado? (hipótese)

Estas são algumas das questões que envolvem, em conjunto, uma série de processos mentais, todos eles importantes como condição não só para a tomada de decisão, como também para a adaptabilidade contínua durante o processo dinâmico de implementação do projeto. No entanto, muitos profissionais fazem perguntas limitadas, como as seguintes:

- O que é para eu fazer?
- Posso fazer isso?
- Como é para eu agir diante do problema?

Questões como as três últimas são algumas das quais profissionais apresentam para seus superiores (de forma explícita ou apenas mentalmente) quando se defrontam com situações que exigem ação para a melhoria de seu trabalho e de sua unidade. Tais colocações apontam para o imobilismo, apatia ou desresponsabilização em relação ao trabalho. A partir dessa atitude é que os projetos são propostos muito mais como proposições de ficções, que dependem da autorização de chefes para serem implementados, do que como propostas efetivas de compromisso de ação e orientação da mesma. Como essa atitude, os projetos, por melhor delineados que sejam, não passam de documentos burocratizados do trabalho e fadados a não serem implementados ou, caso o sejam, a fracassarem, com desperdício de tempo, de energia e desgaste cultural.

Somente com a prática do pensamento dinâmico, analitico-crítico e interativo é que é possível superar essas limitações. Esse pensamento permite-nos, por exemplo, superar a concepção sincrética, superficial e desordenada da realidade, especificar os seus múltiplos desdobramentos e aspectos, para compreendê-la em profundidade e construir uma visão sintética da mesma, que se traduz num projeto denso de significado, consistente, coerente e útil.

**Projetos que funcionam têm em sua base:**

- Participação na tomada de decisão dos que vão ser responsáveis por sua execução.
- O cultivo do espírito científico pelo emprego de processos mentais complexos e interativos.
- O alargamento de horizontes sobre o trabalho, com enfoque no futuro e visão estratégica.

---

**Questões para reflexão**

- Como você costuma tomar decisões?
- Qual sua experiência em tomar decisão de forma participativa?
- Que limitações sua experiência tem apresentado a respeito?
- Dentre essas limitações, quais são suas dificuldades pessoais?
- Como você pretende preparar-se para superá-las?
- Como você cultiva o desenvolvimento de seus processos mentais?
- Qual sua perspectiva sobre sua possibilidade de influenciar o futuro?

---

## 5. Características de projetos que funcionam

Projetos que funcionam apresentam certas características que devem ser consideradas e aplicadas em sua elaboração por serem imprescindíveis para garantir a qualidade da ação desencadeada sob sua orientação. Em vista disso, elas se constituem em critérios indispensáveis a serem observados na elaboração de projetos, sem os quais estes deixam de servir à sua finalidade de direcionar, organizar e mobilizar a energia, a ação e recursos para promover resultados. As características principais são: clareza, objetividade, aplicabilidade, visão estratégica, criatividade, flexibilidade, consistência, coerência, globalidade, unidade e responsabilização.

É importante ressaltar que essas características, embora apresentadas separadamente, são não realidades inter-relacionadas, de modo que umas possibilitam e reforçam outras, umas mais intimamente que outras. Assim, por exemplo, simplicidade, aplicabilidade e objetividade se interpenetram, de tal modo que, na ocorrência de uma, outra se faz presente e necessária, para que se torne mais evidente e consolidada (LÜCK, 2001). Cabe ressaltar ainda que a listagem dessas características, de natureza didático-analítica, não visa estabelecer nenhum entendimento de hierarquia de importância entre elas, isto é, de supremacia de umas sobre as outras, já que todas elas são igualmente importantes para os resultados finais do projeto e umas em relação à existência das outras.

## 5.1. Clareza

Projetos que funcionam abordam, sem artifícios, as questões a que se referem, analisando com naturalidade seus desdobramentos, sem ocultar ou retorcer a realidade com artifícios formais. Há, porém, projetos que mais parecem peças teóricas constituídas por descrições e proposições genéricas e sofisticadas sobre a realidade, mas sem muita condição de inspirar a intervenção objetiva sobre ela, que se constitui no objetivo de sua elaboração. A clareza implica, por exemplo, ir direto ao assunto, quando se descreve a problemática a ser abordada pelo projeto, sem preâmbulos genéricos e longínquos, assim como ter percepção clara do foco do projeto. Quando esse foco não é claro, há a tendência à prolixidade na sua proposição e enunciado, a usar muitas explicações em torno da questão principal, sem contudo chegar diretamente a ela.

A busca da clareza não deveria representar, no entanto, a concisão exagerada que esconde e passa por alto muitos detalhes e aspectos relacionados ao problema e sua explicação, que permitiriam garantir a explicitação de soluções adequadas. Por outro lado, no entanto, se ocorre a preocupação em registrar, no projeto, todos os aspectos e circunstâncias relacionados ao foco do projeto, e tudo o que tem de fazer, em seus mínimos detalhes, em algum momento do processo tornar-se-á evidente que a elaboração do projeto se torna mais importante que a ação, criando, dessa forma, um distanciamento deste com a realidade, assim como formalizando demais o processo de planejamento. Portanto, é importante manter o projeto tão preciso quanto possível, sem ser detalhista. Que ele seja conciso, sem perder a clareza de posicionamento e orientação. O projeto precisa ser, ao mesmo tempo, completo e fácil de ler, de compreender e de mobilizar a ação.

- Utilize linguagem simples, sem ser coloquial.

- Explicite o foco de atenção do projeto, tanto quanto necessário para se ter uma visão clara do mesmo, sem, no entanto, cair em detalhamentos desnecessários.

## 5.2. Objetividade

A realidade é marcada por problemas globais, complexos e multirrelacionais. Sua abordagem, no entanto, deve ser singularizada objetivamente, embora mantendo a visão abrangente e dinâmica. Sem objetividade e clareza sobre o ponto de vista e orientação, nenhuma ação poderá ser intencionalmente consequente.

A objetividade corresponde à percepção e descrição da realidade tal como ela é, e não como se julga que ela seja ou deva ser, a partir de concepções e percepções idealizadas. Ela está associada tanto à análise de aspectos específicos, quanto ao controle de tendenciosidade que pode afetar a visão da realidade. Esta tendência é, aliás, comum, quando os elaboradores de projetos abordam a realidade, a partir de um comprometimento seu com soluções predeterminadas, antes mesmo da compreensão objetiva da realidade. Isto ocorre quando o elaborador do projeto já define de plano o que falta em uma dada situação e constrói a lógica do projeto a partir desse foco, sem explorar a situação de modo amplo, que pode remeter a alternativas de solução. Também ocorre, devido à dificuldade de os elaboradores de projetos verem a realidade tal como ela é e, em sua especificidade e seus desdobramentos, têm em vista forte afiliação ideológica.

- Confronte as suas percepções sobre a realidade com a de outras pessoas.
- Teste a sua interpretação e atribuição de significados à realidade mediante o confronto de novos dados e informações.
- Estabeleça a clareza dos conceitos adotados, a partir de revisão de literatura do assunto em questão.

## 5.3. Especificidade

Um projeto se distingue de um plano, por sua especificidade ou delimitação do foco de atenção. Não pode, portanto, referir-se a questões genéricas, vagas e inespecíficas, atingíveis em médio e longo prazos. Quem se propõe, por um projeto, abranger tudo e qualquer coisa, corre o risco de não realizar coisa nenhuma, gerando o que é comumente denominado de ativismo. Os resultados propostos por um projeto devem ser, consequentemente, específicos e quantificáveis. A especificidade traduz o foco de ação do projeto, a sua unidade de ação. Para defini-la, é necessário ter uma visão ao mesmo tempo abrangente e aprofundada do problema, de modo a identificar o que seja prioritário, mais importante e mais significativo, com maior potencial de produzir melhores resultados. Esta especificidade é, portanto, definida a partir do estabelecimento de prioridade dentre as múltiplas possibilidades e dimensões que possam ser definidas para a ação pretendida. Ao mesmo tempo, ela estabelece a articulação dentre os vários aspectos que compõem uma dada realidade.

- Estabeleça o foco do projeto, elencando todos os principais aspectos envolvidos.
- Estabeleça a relação entre esses aspectos, a partir da definição dos significados de cada um deles.

## 5.4. Visão estratégica

A simplicidade, aplicabilidade e objetividade do projeto não devem significar curto alcance ou visão limitada. Abertura e aceitação a desafios, assim como reconhecimento de oportunidades de transformação e mudança constitui-se em pano de fundo de projetos que valem a pena serem executados. Aliás, sem a aceitação do desafio de transformação de uma realidade, por seus atores, tudo se mantém como está. O desafio funciona como a mola impulsionadora da ação, ele é o parceiro inseparável da visão estratégica. Para tanto, é necessário construir uma consistente e abrangente visão de futuro, isto é, uma visão estratégica, que se caracteriza por uma ótica proativa em relação à realidade, superando a remedial ou mesmo a preventiva.

Projetos podem obter extraordinários resultados em curto prazo, mas ao mesmo tempo podem gerar situações de desvantagem em médio e longo prazos. A visão estratégica na elaboração do projeto, baseada em visão abrangente e de futuro, implica buscar resultados positivos não apenas possíveis, em um determinado contexto, e sem efeitos colaterais negativos, como também resultados com potencial de maximização contínua e transformação da realidade.

- Analise novas perspectivas sobre a realidade, verificando os desafios internos e externos à sua organização.
- Busque definir o alcance das ações em médio e longo prazos, a partir do alargamento de horizontes e de visão de futuro.
- Corrija tendências a se fixar em soluções antes de uma boa análise da problemática em questão.

## 5.5. Aplicabilidade

Bons projetos trazem em si, claramente, as condições de viabilidade, isto é, são factíveis e executáveis, com as condições propostas no prazo de tempo determinado. Para tanto, devem apresentar elementos operacionais e prever as condições necessárias para a produção de resultados, no prazo definido.

Muitos projetos ficam na gaveta por idealizarem por demais as condições para transformar a realidade, propondo recursos ou situações inexistentes e inviáveis, ou por apresentarem propostas genéricas demais, que firmam posição, definem uma intenção, mas não orientam a ação. Há que se considerar, no projeto, para garantir sua aplicabilidade, não apenas seus elementos técnicos e recursos, mas também, e sobretudo, o contexto cultural no qual será implementado, bem como as forças políticas que deverão ser mobilizadas para sua implementação. Nesse contexto, é importante que os atores do projeto, ao defini-lo, levem em consideração as condições concretas para estabelecer as mudanças desejadas, a partir de sua própria capacidade de implementá-lo.

- Relacione uma série de soluções possíveis para um problema e identifique as mais simples e menos onerosas, dentre aquelas que ofereçam o mesmo potencial de resultados.

- Confira a praticidade das orientações estabelecidas no projeto, sem perder de vista sua visão estratégica.

## 5.6. Criatividade

Soluções antigas, por melhor e mais bem articuladas que tenham sido, poucas condições têm de dar resultado em novas situações. A esse respeito Drucker (1992) nos alerta indicando que a sociedade é perpetuamente inovadora, uma vez que sua operação está baseada em contínuo e dinâmico fluxo de informações. Todas as soluções que anteriormente davam certo passam a ser ineficazes. Em vista disso, a elaboração de projetos deve ser marcada por espírito atilado e original que visualiza o diferente e agrega valor a produtos e serviços, atribuindo-lhes o diferencial competitivo. Portanto, um olhar novo sobre a realidade e sobre as possibilidades de ação em relação à mesma constitui-se em um desafio para o gestor ao delinear seus projetos e implementá-los.

- Estabeleça novas associações a respeito dos fenômenos que fazem parte da sua realidade.

- Esteja aberto(a) a novas interpretações e busque novos significados em relação aos diferentes desdobramentos e aspectos da realidade.

## 5.7. Flexibilidade

A flexibilidade corresponde à capacidade de o projeto prever a necessidade de adaptação a situações novas, surgidas durante sua execução. Resulta da previsão de cursos alternativos de ação, antecipadora de possíveis imprevistos ou situações novas, normais em toda situação dinâmica. Também resultam da abertura as reformulações sugeridas pela retroalimentação, tornada possível pelo monitoramento e avaliação praticados em relação ao projeto. Um projeto não deve ser uma camisa-de-força, um roteiro estreito e limitado sobre o que se deve fazer. Ele deve ser aberto à necessidade de adaptações e de criações no decurso de sua implementação, pela previsão dessa necessidade: mesmo porque não se pode antecipar todas as situações que serão envolvidas na fase de implantação e implementação de um projeto, dada a própria dinâmica da realidade.

- Deixe espaço em seu projeto e sua implementação para situações imprevistas ou para a emergência de novas interpretações e significados que possam vir alterar os rumos do projeto.
- Esteja predisposto a alterar procedimentos para ajustar as ações novas sujeitas, sem, no entanto, descaracterizar o sentido do projeto.

## 5.8. Consistência

A consistência é estabelecida pelo aprofundamento teórico-conceitual dos elementos que compõem o projeto, de forma a dar-lhe densidade, superando a superficialidade ou generalidade do tratamento à problemática. Sem uma boa fundamentação, um projeto perde consistência e se transforma em uma colcha de retalhos que conduz ao ativismo. O delineamento da consistência passa pela análise dos conceitos e significados principais que constituem o pano de fundo do projeto, identificando seus desdobramentos e interfaces.

- Explore o significado e o conceito dos termos principais do seu projeto.
- Estabeleça a relação existente entre os mesmos, de modo que possam estar associados, fazendo parte de um mesmo conjunto.

## 5.9. Coerência

A coerência está diretamente relacionada à consistência, pois ambas são interdependentes. Refere-se ao estabelecimento da unidade do foco em todos os segmentos do projeto, como por exemplo os objetivos estarem coerentes com o problema e seu dimensionamento, bem como com a metodologia para realizá-los. A coerência consiste, portanto, na articulação entre os vários aspectos e elementos do projeto. A concentração no foco do projeto é, portanto, fundamental e dá equilíbrio ao projeto. Evita-se, com esta característica, problemas que enfraquecem os efeitos desejados pelo projeto, por exemplo, quando se adota uma metodologia que se contrapõe aos objetivos estabelecidos.

- Analise a relação entre os diferentes segmentos do projeto, verificando a sua unidade temática.

## 5.10. Globalidade

Bons projetos enfocam problemas específicos a serem abordados em tempo determinado. No entanto, quando a especificidade não é relacionada a uma visão global e abrangente da realidade, as ações correm o risco de ficarem descontextualizadas e, por isso, de se tornarem inócuas. A visão global orienta o estabelecimento da relação de partes entre si e delas com o todo, que corresponde a uma visão sistêmica e interativa. Uma grande limitação de projetos tem sido comumente o caráter restrito atribuído a eles e o enfoque limitado estabelecido por pretender propor soluções simples a problemas complexos. Projetos dessa natureza resultam também em ativismo, isto é, na ação pela ação.

A abrangência do projeto é, pois, estabelecida pela relação equilibrada entre o todo e as partes, entre a delimitação e a abrangência, cuja compreensão demanda um bem informado conhecimento da realidade e da articulação de seus desafios.

- Defina os fatos e fenômenos associados à situação-problema a ser abordada pelo projeto.
- Estabeleça quais deles serão focalizados no projeto e quais estabelecem o seu contexto.

## 5.11. Unidade

Quanto mais ampla e complexa for a problemática a ser abordada pelo projeto, mais complexos e diversificados se tornam seus objetivos e ações, em vista do que a unidade de projeto e de suas ações pode ser comprometida e enfraquecidos seus resultados.

A unidade é garantida, na medida em que a elaboração de projetos encadeie ações, articule recursos, mobilize interesses e atenções, estabeleça a sequência de seus momentos e etapas, com base em uma sólida fundamentação e compreensão da realidade. É possível, pela revisão de projetos, superar visões dicotômicas, fragmentadas e confusas que produzem a visão da situação-problema com uma determinada tendência, os objetivos com outra e as ações com outra tendência ainda. A unidade está, pois, diretamente associada à coerência.

- Estabeleça o vínculo entre os elementos conceituais de seu projeto.

## 5.12. Responsabilização

A elaboração de projetos constitui-se em um processo de planejamento que, além de estruturar e organizar as condições necessárias para a obtenção de resultados, determina, organiza, orienta e mobiliza a ação de pessoas. Em suma, estabelece responsabilidades. São as pessoas que fazem a diferença, são elas que transformam a realidade e é, portanto, a orientação de sua atuação o foco principal de projetos.

Consequentemente, um projeto passa a se constituir em um termo de responsabilidade, mediante o qual os envolvidos se comprometem a vencer obstáculos e imprevistos, na busca de melhorias e realizações de serviços. Projetos que em sua fase de elaboração não estabelecem o comprometimento para a ação de pouco adiantam, pois tendem a não sair do papel ou a fazê-lo apenas parcialmente, sem ímpeto.

- Assuma o projeto como um termo de compromisso e responsabilidade pela implementação das ações propostas na busca de realização dos objetivos estabelecidos.

## 6. Atitudes e habilidades pessoais necessárias para a elaboração de projetos

É importante ressaltar que as características de projetos, anteriormente descritas, resultam da capacidade dos elaboradores e implementadores de projeto em exercê-las. Vale dizer que, caso esses profissionais não cultivem as atitudes e os processos mentais correspondentes, como parte do seu modo de pensar e de agir, dificilmente elas serão expressas nos projetos e se traduzirão na prática.

Agilidade mental, perspicácia, discernimento, por exemplo, são necessários para a visão estratégica, além das flexibilidades e a criatividade. Raciocínio científico e organização mental garantem a objetividade, a consistência e a coerência. Visão holística e raciocínio interativo promovem a unidade, a globalização, a consistência e a coerência.

Por conseguinte, quem deseja desenvolver competência na elaboração e implementação de projetos deve não apenas adquirir conhecimentos a respeito, mas, sobretudo, desenvolver habilidades e atitudes, transformando-se com essa prática.

É importante reconhecer que as características enumeradas somente podem ser atribuídas aos projetos caso os seus elaboradores e implementadores as pratiquem como uma característica mental sua, que perpassa por todo o seu trabalho. Não podemos passar para o nosso trabalho uma característica que não temos. Em vista disso, é importante que nos orientemos por praticar essas características de modo que elas façam parte de nosso referencial mental.

> Bons projetos são orientados para a ação e não para a formalização de propostas.

---

**Questões para reflexão**

- Que processos mentais e atitudes você cultiva no dia a dia?
- Em que medida esses processos e atitudes se associam às apontadas nesta unidade?
- Como em seu trabalho diário você pode aplicar as características indicadas como necessárias para que os projetos funcionem?
- Você tem qualquer dificuldade especial com alguma delas?
- Por que ocorre essa dificuldade?
- Que tal estabelecer como objetivo a superação dessa dificuldade?
- Em que medida as características descritas são observadas nos projetos que você conhece?

**Quadro 3 – Características de projetos que funcionam**

Aplicabilidade
Clareza
Consistência
Coerência
Criatividade
Flexibilidade
Globalidade
Objetividade
Responsabilização
Unidade
Visão estratégica

# Dimensões da elaboração de projetos 4

Ao se planejar a efetivação de uma realidade futura, toma-se uma decisão no sentido de promover influência em uma dada situação ou circunstância (dimensão política) que para ter sucesso precisa ser bem fundamentada (dimensão conceitual) e analisada, articulada e descrita clara e objetivamente (dimensão técnica). Portanto, a elaboração de projetos implica um processo complexo, que envolve várias dimensões interativas e interinfluentes: dimensão conceitual, técnica e política.

## 1. Dimensão conceitual

A dimensão conceitual é extremamente importante, não podendo, de modo algum, ser desconsiderada, mediante a justificativa de que se trata de aspecto meramente acadêmico. Isso porque, ao clarificar o significado dos variados aspectos do foco de estudo, ilumina e dá significado às demais dimensões. Ela se refere à ótica com que se vê e explica a realidade e estabelece os conceitos, as ideias e pressupostos a respeito da mesma e as possibilidades de superação de suas limitações. A eficácia do projeto na consecução dos resultados depende, portanto, em grande parte, da abrangência e clareza conceitual sobre seu objeto. Ela tem sido, no entanto, comumente desconsiderada, dada a preocupação sobremodo operacional com que os projetos são elaborados, assim como o falso entendimento de que essa dimensão se relaciona com orientações acadêmicas, eminentemente abstratas, dissociadas das necessidades concretas da realidade e do mundo produtivo, dessa forma desconsiderando a dimensão prática da vida.

Essa dimensão objetiva promover o entendimento claro e aprofundado do significado e desdobramento dos elementos envolvidos no projeto, dos comportamentos que serão mobilizados e das situações que serão afetadas. Sem esse entendimento, opera-se no escuro e no vazio.

O atendimento à necessidade de especificação e clarificação conceitual é realizado mediante a reflexão, a pesquisa e o estudo em torno de certas questões básicas, como por exemplo:

- Quais são os aspectos principais do projeto?
- Quais seus significados?
- Quais são os outros aspectos a eles relacionados?
- Que tipo ou forma de relação é estabelecida?

Promovendo-se essa clarificação, o projeto ganha a consistência necessária à sua efetividade, uma vez que, sem ela, pode-se estar atuando imprecisamente sobre um aspecto, com a intenção em outro.

Aponta-se, no entanto, como fundamental que a dimensão conceitual seja orientada por um paradigma superador da fragmentação do trabalho, pelo entendimento da estrutura organizacional como constituída por pessoas, assim como pela visão sistêmica da realidade e integração dinâmica de todos os seus elementos. Essa necessidade é decorrente da mudança de paradigma de gestão, que demanda uma visão interativa e abrangente da realidade (LÜCK, 1996), de modo a dar conta da dinâmica que caracteriza a realidade em todas as áreas.

Isso porque nenhum problema significativo de uma unidade social é tópico, simples ou operacional. É sim, antes de tudo, conceitual, está relacionado e assentado sobre como se pensa sobre ele. Se pensado de forma limitada, distorcida ou inadequada, assim também serão as ações decorrentes, obtendo-se resultados da mesma ordem, com gastos inúteis. Toda e qualquer ação ou medida deve ser pensada em termos de sua repercussão no sistema como um todo, isto é, em suas consequências para mais além do foco de ação.

Há, por exemplo, em relação a esse entendimento, que se refrear ou controlar as tendências a desencadear ações em favor exclusivo de benefícios em curto prazo e dar mais atenção às consequências de longo alcance. Por outro lado, enquanto os dirigentes voltam-se uns para os outros, e não para o sistema como um todo, resulta um enfraquecimento deste e de todos.

## 2. Dimensão técnica

A dimensão técnica diz respeito à observância dos passos do planejamento, orientados pelo espírito científico e pelos quais se estabelece clareza, objetividade e precisão na descrição de cada um dos aspectos relevantes para a organização das ações a serem implementadas. Envolve processos mentais, dentre os quais os de identificar, analisar, prever e decidir sobre a realidade, em seus múltiplos aspectos, visando o estabelecimento de um patamar de ação mais avançado e mais eficaz, mediante a implementação de inovações, a criação de novos produtos, a melhoria na prestação de serviços ou até mesmo a transformação da realidade. Esses processos mentais focalizam aspectos da realidade que apontam os elementos do projeto: objetivo da ação (o que fazer), pressupostos (por que fazer), objetivos (para que fazer), método da ação (como fazer), cronograma (quando fazer), dentre outros aspectos (ver Quadro 2).

**Quadro 4 – Síntese de elementos do projeto de solução de problemas e melhoria contínua**

| Processos mentais | Aspectos da realidade | Elementos do projeto | Novos patamares da realidade |
|---|---|---|---|
| Observar | Por que | Pressupostos | |
| | Para que | Objetivos | |
| Identificar | O que | Objeto da ação | |
| Descrever | | | |
| Analisar | Como | Método | Criação:<br>• Novos produtos<br>• Novos serviços |
| Comparar | | | |
| Interpretar | | | |
| Prever | Quando | Circunst. tempo | Melhoria |
| Decidir | Onde | Circunst. espaço | Modernização |
| | | | Desenvolvimento |
| | Com que | Recursos | Transformação |
| | Com quem | Agentes | |
| | Para quem | Cliente | |

Todos esses elementos são interativos e interinfluentes, de modo que a alteração em qualquer um deles pressupõe alteração nos demais. Por exemplo, ao ocorrer ou se promover uma alteração da clientela ou sujeitos do projeto (a quem o projeto é destinado), necessariamente é preciso observar se a metodologia, os objetivos e o objeto da ação são compatíveis entre si. Em decorrência, a elaboração de projetos não deve ser realizada mediante um processo de pensamento linear, limitado, pelo qual se visualiza uma coisa de cada vez e de modo dissociado das demais. Deve-se, sim, enfocá-la pelo pensamento dinâmico e circular que observa a interação de todos esses elementos, de tal forma que, ao se alterar um desses elementos, todos os demais sofram a necessária alteração.

Trata-se, portanto, de um processo orientado pela concepção sistêmica, segundo a qual, num conjunto, todos os seus elementos são ativamente interinfluentes, de modo que qualquer alteração em um deles provoca alteração nos demais e, em decorrência, no conjunto como um todo.

Da articulação entre esses elementos surge, pois, a estrutura formal do projeto, que, uma vez definida, garante uma visão abrangente e interativa da problemática, de tal modo que as ações específicas desencadeadas ganham um caráter denso por sua relação com as demais. Dessa forma, garante-se a coerência do projeto.

### 3. Dimensão política

Considerando-se que política corresponde à conjugação das ações de indivíduos e grupos humanos, dirigindo-as a um fim comum, como também a um julgamento das prováveis consequências de linhas alternativas de ação, norteador de um conjunto de ações integradas voltadas para a influência a uma determinada situação, a elaboração de projetos tem, em suma, uma dimensão política. Corresponde ao espaço da obra humana com poder de alteração da realidade, construindo história desta forma.

Como a elaboração de projetos pressupõe a tomada de decisões a respeito do que, como, para que se vai fazer alguma coisa, em relação a uma determinada situação que envolve pessoas, e que estas serão necessariamente afetadas pelo projeto, serve como um instrumento de poder, de influência política.

Os projetos são elaborados visando a melhoria de um processo de trabalho ou conjunto de processos. Em vista disso, seu papel não é, em última instância, o de apenas facilitar a vida das pessoas, de dar-lhes poder ou de conceder-lhes qualquer benefício pessoal. Um projeto pode mexer com hábitos formados que garantem "direitos" tácitos sobre objetos, mecanismos e ações, em vista do que a sua implementação pode ferir interesses pessoais dos envolvidos, garantidos nas atuais operações.

Em decorrência, sua elaboração pressupõe uma dimensão política, de cuja articulação e entendimento depende o sucesso pretendido. Três cuidados emergem numa sociedade democrática e em acordo também com o paradigma da sociedade globalizada: 1) que ao se planejar se leve em consideração a legitimidade e repercussão social em curto, médio e longo prazos, do impacto do projeto sobre as pessoas e a ecologia humana, além dos resultados específicos pretendidos; 2) que o planejamento do projeto seja realizado participativamente, de modo a garantir a discussão, o entendimento e a atenção dos interesses das pessoas envolvidas; 3) que se promova, nessa atividade, o envolvimento daqueles que serão afetados pelo novo processo em foco, no sentido de que compreendam a importância do ganho geral e mais abrangente, que proporcionaria solução ganha-ganha.

Todos os problemas relacionados à convivência e organização social do trabalho são problemas da coletividade. Portanto, as soluções para os mesmos devem ser buscadas em conjunto, levando em conta a reflexão coletiva sobre a realidade e a necessidade de negociação e convencimento. Obtém-se, dessa forma, a superação de resistências, de radicalismos e de contradições que, necessariamente, emergem no processo de elaboração e, sobretudo, de implementação de projetos uma vez que desestabiliza o *status quo*.

As resistências a novas ideias propostas nos projetos são condições naturais em todo grupo social e se sustentam coletivamente. No entanto, podem ser superadas mediante a adoção da prática de elaboração de projetos como um processo participativo, em vista do que essa elaboração participativa constitui-se em condição para que sua dimensão política seja adequadamente trabalhada. A desconsideração a esse aspecto talvez seja uma das razões por que muitos projetos não saem do papel ou não passam da fase de implantação.

A dimensão política envolve a negociação e a mediação com vistas à promoção de adesão de pessoas ao projeto, à obtenção de recursos necessários à sua realização, assim como à eliminação de resistências.

Quadro 5 – Dimensões da elaboração de projetos

| Dimensões | Características |
|---|---|
| Conceitual | • Especificação de conceitos, ideias e pressupostos relacionados ao foco do projeto.<br>• Detalhamento de aspectos, variáveis e desdobramentos dos elementos envolvidos no projeto.<br>• Delineamento do conteúdo do projeto e de seus desdobramentos.<br>• Exame de significado dos aspectos centrais do projeto |
| Técnica | • Observação e especificação dos passos do processo de planejar.<br>• Aplicação de processos mentais múltiplos.<br>• Estruturação sistêmica dos vários aspectos envolvidos no projeto. |

| Dimensões | Características |
|---|---|
| Política | • Articulação e envolvimento de pessoas significativas para a efetivação do projeto.<br>• Realização de negociações e de mediações na busca de superação de resistências, radicalismos e contradições.<br>• Consideração do impacto do projeto sobre pessoas e sobre a ecologia humana. |

A elaboração de projetos de modo a integrar equilibradamente as dimensões conceitual, técnica e política demanda dos planejadores o desenvolvimento de habilidades especiais, sem as quais o projeto deixa de ser uma proposta efetiva de realização de objetivos significativos.

Você não tem um plano enquanto não desenvolve habilidades para escrevê-lo (GUMPERT, 1995).

# Estruturação de projetos 5

De organização para organização, é possível encontrar variedade nos esquemas adotados para orientar a elaboração de projetos e respectivos formulários. Ajustar-se a esses instrumentos corresponde, para muitas pessoas interessadas em promover ações para melhoria, a um engessamento da burocracia. Exigência ao uso de instrumentos específicos é entendida por muitos como correspondendo ao "reino da papelada", que cerceia a vontade de agir e desmotiva muitos a realizarem projetos. Vale a pena lembrar, no entanto, que formulários são importantes guias e que as instituições que adotam em seu trabalho a gestão pelo método de projetos necessitam de formulários não apenas para organizar e facilitar a orientação de sua elaboração, como também de sua análise e monitoramento. É importante indicar que os formulários orientam o estabelecimento de unidade na apresentação das propostas, que facilita o seu exame e sua utilização na orientação das ações para sua implementação.

Todo e qualquer projeto, seja de pesquisa, seja de intervenção, seja de pesquisa-ação, e independentemente de sua finalidade, tem em sua estrutura os mesmos elementos comuns (ver Quadro 2), uma vez que é orientado pelo método científico. Portanto, a variação registrada em relação a formulários ocorre, sobretudo, pela ênfase dada a alguns aspectos em detrimento de outros, pelo seu formato visual e diagramático que destaca certas informações em relação a outras, ou pela terminologia adotada para destacar os seus diversos segmentos ou subunidades.

É fundamental ter em mente que a existência de uma estrutura formal para a apresentação de projetos não corresponde a uma padronização dos projetos em si, pois esta estruturação diz respeito a sua forma de apresentação e não ao seu conteúdo e a sua dimensão conceitual. Elaborar um projeto é tanto uma arte quanto uma ciência, demandando dos seus elaboradores discernimento, perspicácia, versatilidade, dentre outros aspectos. Escrever é tanto um desafio psicológico quanto técnico, que exige vencer obstáculos que a nossa mente nos impõe, muitas vezes, por falta de preparação e visão limitada.

Basicamente, os elementos de um projeto são:

1) Identificação do projeto

2) Descrição da situação-problema

3) Proposição de objetivos

4) Definição de metas

5) Delineamento de método, estratégias e procedimentos

6) Especificação de cronograma

7) Identificação de recursos e custo

8) Proposição de monitoramento e avaliação

Cada um desses componentes é a seguir descrito.

## 1. Identificação do projeto

A identificação do projeto tem por objetivo apresentar informações básicas para sua caracterização geral, de modo a dar uma ideia sobre a sua abrangência e aspectos gerenciais básicos. Portanto, identifica aspectos gerais importantes para o seu conhecimento.

As informações consideradas importantes para essa identificação e gestão do projeto variam segundo a organização que o promove ou financia. Certas informações gerais do projeto são, no entanto, comuns para essa identificação e respectiva gestão: o seu título, que traduz a natureza do projeto; a unidade ou setor onde será realizado; o programa de que faz parte; o(s) responsável(eis) pela sua execução; a determinação do período de tempo para sua execução; a clientela a que se destina e orçamento. Algumas instituições ainda solicitam a identificação, neste segmento, dos objetivos gerais do projeto e de outras informações que traduzam, em uma página, o seu sumário executivo.

A seguir apresentamos um exemplo de informações para identificar um projeto:

---

**Título:** Correção da distorção idade-série no Ensino Fundamental

**Unidade executora**: Departamento do Ensino Fundamental da Secretaria de Educação

**Programa**: Melhoria da Qualidade do Ensino

**Responsável(eis)**: Elisabeth Maria Araújo*
João Mário de Souza*
Joana Maria Beltrão*

**Coordenadora**: Maria Antônia da Silva

**Unidade de trabalho**: Diretoria de Educação
**Fone**: (xx) xxxx xxxx

---

* Nomes fictícios.

| | |
|---|---|
| **População beneficiada:** 55.000 alunos das 4ªˢ às 7ªˢ séries do Ensino Fundamental. | **Início:** 23/03/1998 – **Término:** 19/12/2000<br>**Duração:** 3 anos letivos<br>**Custo estimado:** R$ 1.500.000,00 |
| **Objetivos:** Corrigir a distorção idade-série dos alunos das 4ªˢ às 7ªˢ séries do Ensino Fundamental, das escolas públicas do Estado.<br>**Meta:** Possibilitar a 55.000 alunos dessas séries se colocarem em nível de aprendizagem escolar correspondente à série relativa à sua faixa etária. | |

Passamos a seguir a descrever o significado desses diferentes aspectos.

*Título* – Cabe ao título do projeto traduzir com objetividade e de maneira sintética o seu sentido, abrangência ou natureza. Analisemos algumas situações a respeito. "Empregabilidade", como título de projeto na área de recursos humanos, indica o seu foco, mas não traduz a sua natureza ou tendência. É necessário, portanto, especificar esse aspecto, como por exemplo: "Desenvolvimento da empregabilidade como estratégia de desenvolvimento de carreira". Algumas vezes costuma-se resumir por siglas ou por palavras-chave, para facilitar a sua divulgação. Por exemplo: Disseminação do Projeto Refis. No entanto, tal prática só oferece entendimento para os iniciados no que Refis representa. O hábito, muito presente entre nós, de criar siglas para representar conceitos complexos, pode mais obscurecer do que informar, em vista do que não é prática que deva ser adotada sem o cuidado da divulgação do que as siglas representam.

*Unidade executora* – Indica-se, nesse subtítulo, a seção, órgão ou setor da organização onde o projeto se situa. É necessário lembrar que muitos projetos, quando de caráter amplo, são multissetoriais, envolvendo várias unidades de trabalho. Nesse caso, é importante que todas essas unidades sejam identificadas, podendo, no entanto, ser encabeçadas por uma delas, a que detém maior responsabilidade na coordenação central do projeto.

*Programa* – Nomeia-se, quando for o caso, o nome do programa do qual o projeto é desdobramento. O programa representa o conjunto de ações menores a serem realizadas para a implantação e implementação de uma política.

*Coordenador* – Indica-se o nome do Coordenador do Projeto, que deverá responder por todo o seu andamento, e também atuar como dinamizador de sua implantação e implementação, estimulando e orientando os seus executores, ajudando a contornar dificuldades, etc. Identifica-se também a sua unidade de trabalho e telefone.

*Início, término, duração* – Registra-se a data (dia, mês e ano) do início e do término do projeto e a duração prevista para sua realização em unidades de tempo (dias, semanas, meses, anos, conforme seja mais apropriado). Estas informações não apenas permitem situar no tempo o projeto, como oferecem indicadores para avaliação de custos por unidade de tempo.

*Custo estimado* – Registra-se o custo estimado do projeto. Em geral, costuma-se identificar apenas os custos indiretos previstos. No entanto, recomenda-se identificar tanto os custos diretos como os indiretos, somando-se ambos os tipos de despesa.

## 2. Descrição da situação-problema

Este primeiro segmento do projeto recebe, nos mais variados projetos, diferentes denominações. Portanto, também é denominado de "contexto do problema", "introdução ao problema", "configuração do problema" ou "justificativa". O que se estabelece no mesmo é a descrição de uma realidade específica, mediante análise de todos os seus aspectos importantes, de modo a caracterizar, com clareza e objetividade, uma situação que demanda ação de inovação, melhoria ou transformação. É importante ressaltar que para compreender adequadamente uma situação-problema é necessário cotejar um grande volume de dados dispersos, organizá-los, descrevê-los, analisá-los e interpretá-los, a fim de se poder compreender os fatos vigentes e suas tendências e reconhecer suas implicações para a promoção de mudança ou construção da nova situação desejada. Para tanto, é necessário ter uma visão histórica e retrospectiva da realidade, uma visão atual da mesma e uma visão prospectiva, de futuro, mediante análise de tendências. Sem estas três perspectivas tomadas em conjunto e de maneira interativa, fica-se com uma ótica reativa e limitada.

Problema é uma palavra comum que, no cotidiano, significa dificuldade, ou falta de alguma coisa que se deveria ter; é comumente acompanhada do entendimento de que representa uma situação indesejável, uma disfunção que não deveria existir. Nesse sentido, vem associada a uma atitude reativa e negativista. Cabe lembrar, no entanto, que, na linguagem da Metodologia Científica, problema é um conceito mais amplo e mais complexo que desenvolve a compreensão de relação entre uma situação real e a desejada.

A adoção da palavra "problema" não implica, pois, adotar um enfoque remedial e reativo. Trata-se de um termo convencional da Metodologia Científica que diz respeito ao foco de atenção ao projeto "problematizado", isto é, questionado de modo a construir uma visão de novas realidades.

Na descrição do problema de muitos projetos, tem-se evidenciado um desconhecimento da realidade e necessidade de desenvolvimento, assim como um descuido em descrevê-la. Muitas proposições são genéricas e traduzem uma preocupação com abstrações descoladas de situações concretas do contexto que o projeto procura focalizar. Para evitar tal situação é necessário realizar análises bem fundamentadas, considerando elementos contextuais, comparativos, analítico-críticos e teóricos. Tais análises, em seu conjunto, nos ajudam a superar nossa visão fragmentada e imediatista da realidade, ou até mesmo de senso comum, assim como nos ajudam a inter-relacionar os elementos que visualizamos, dando maior consistência ao quadro formado. Sem uma visão consistente, de conjunto e ao mesmo tempo específico, corremos o risco de agir a esmo e de nossas intervenções serem frágeis e inconsistentes.

*Elementos contextuais* revelam a evolução da situação e sua relação com o modo de ser e de fazer da unidade de ação a que se relacionam seus processos de produção ou de prestação de serviços. Ao focalizar a situação-problema, o foco deve ser específico e próximo e não a história remota ou contexto amplo da organização onde esta se situa.

É comum observar na descrição da situação-problema de projetos a apresentação de um contexto amplo e distanciado do foco pretendido, tendo-se como resultado uma descrição genérica que serve como introito para qualquer problema e que, portanto, deixa de ter valor para orientar a superação da questão a que se refere. Este é o caso de inúmeros projetos para a melhoria da qualidade que invariavelmente apresentam uma introdução como a seguinte:

> O mundo está passando por uma mudança de paradigma que estabelece transformações radicais no contexto das organizações e de mercado. O avanço da ciência e da tecnologia provoca uma reorganização do trabalho em geral que exige o seu redimensionamento.

Em vista disso, torna-se necessário promover na empresa uma reestruturação de suas funções, com vistas a modernizá-la, de modo a garantir a sua competitividade e melhorar sua produtividade, como condições de qualidade.

Verifica-se, nessa descrição, apenas a intenção de propor uma moldura estreita, elementar e formal para o projeto, sem qualquer preocupação em descrever e desvelar quais as características da atual forma de organização da empresa, quais os desafios que deve enfrentar, como se apresentam esses desafios, como está a organização para assumi-los, quais são as atuais funções, que resultados as mesmas produzem ou deixam de produzir, por que não respondem às novas necessidades, dentre outros aspectos.

Os *elementos comparativos* são estabelecidos pela identificação de paralelos com elementos de outras situações semelhantes. A descrição de uma realidade em si pouco indica a respeito da necessidade de estabelecer mudanças, mesmo que bem descrita, uma vez que é a partir de uma comparação com algum parâmetro que se identifica uma condição a ser melhorada. Quanto mais claros são apresentados os parâmetros de comparação, mais evidentes se tornam os objetivos a serem estabelecidos. Estes funcionam como indicadores ou evidências das mudanças necessárias.

Esses elementos comparativos podem ser tanto internos, representando dados evolutivos da organização, como podem ser externos, de organizações diferentes, a partir de um processo de "benchmark", que busca referências positivas para orientar a própria mudança. Em um projeto em que se evidencia a necessidade de estabelecer um enfoque de venda para superar a não tão incomum deficiência daqueles que não sabem por que estão vendendo, analisa-se a orientação de diferentes empresas apontando, por exemplo, que a American Express propõe facilidade de comunicação com os clientes, a DHL estabelece agilidade na entrega e estoques de materiais, a 3M prioriza produtos que geram soluções e a Volvo garante proteção e segurança para seus clientes (WICK & LEON, 1997).

Esse "benchmark" significa justamente o esforço no sentido de buscar referenciais externos positivos e avançados, objetivando o estabelecimento de padrão de referência do desenvolvimento.

Os *elementos analítico-críticos* evidenciam, a partir de dados quantitativos e qualitativos sobre a situação, as suas limitações, os seus problemas e potencialidades, suas tensões e conflitos, suas funções e disfunções, enfim, suas contradições e perspectivas, sem o que o projeto não tem sentido realístico. Além disso, ao evidenciar a complexidade e a dinâmica da situação vivenciada, estabelecem-se parâmetros e estratégias de ação e a sinergia necessária para promover a melhoria esperada.

Faz parte da descrição a análise de inter-relação dos múltiplos fatores que interferem numa dada situação, fatores esses das mais diversas ordens: burocráticos, técnicos, organizacionais, comportamentais, políticos, socioeconômicos.

Pergunta-se, dentre muitos aspectos:
- Quais são os processos relacionados à situação considerada?

- Quem é o cliente? Quais suas necessidades presentes e futuras?
- Como elas têm sido e podem ser atendidas?
- Quais os níveis de satisfação do cliente sobre os serviços e produtos que recebe?
- Como é a cultura organizacional e quais são os comportamentos das pessoas envolvidas?
- Como estão organizados os processos de trabalho?
- Qual a sua agilidade e flexibilidade para atender a contínua demanda de inovação?

Os *elementos teóricos* estabelecem o aprofundamento da análise da situação-problema e a sua clareza conceitual, mediante o estudo do significado e dos desdobramentos dos elementos principais que são objeto do projeto. Compete à descrição da situação, a partir de informações claras, objetivas e suficientes, promover a compreensão aprofundada sobre os elementos fundamentais da realidade, em vista do que é importante, também, ser entremeada por uma visão teórica que permita ir além do senso comum que leva apenas à apresentação de generalidades, rotulações e lugar comum.

A proposição genérica em um projeto, afirmando, por exemplo, que "segurança e medicina do trabalho vêm a ser cada vez mais uma preocupação das empresas modernas, como forma de se obter maior satisfação e produtividade" requer explicitação e aprofundamento, a fim de que se possa ir além de mero anúncio. Tendo como apoio e fonte o conhecimento construído, é importante compreender e definir:

- Qual o significado e abrangência de segurança e medicina do trabalho?
- Em que termos e de que modo contribuem para o trabalho?
- Quais seus cenários de desenvolvimento e desafios?

- Quais seus custos individuais, sociais e organizacionais?
- O que tem sido feito a respeito?
- Com que resultados?

O estudo em literatura especializada, certamente, ajudaria a analisar e a compreender essas questões, bem como a estabelecer parâmetros de ação mais avançada, mediante a interpretação do significado dos conceitos utilizados e seus desdobramentos. É necessário compreender o foco de atenção do projeto em seus elementos constitutivos e inter-relação entre os mesmos, o que só pode ser realizado mediante um aprofundamento teórico. A literatura descritiva e explicativa de situações semelhantes, por certo ajudaria a compreender a questão, em relação a qualquer problemática:

- Quais são as variáveis mais importantes da questão?
- Qual seu significado e forma de expressão?
- Como essas variáveis se relacionam entre si?
- Qual o seu impacto no conjunto do problema?
- A que fatores elas são suscetíveis?
- O que favorece ou desfavorece sua manifestação?

Há de se entender que o ponto de vista do projeto, apoiado pela fundamentação teórica, é essencial para determinar sua direção e efetividade. É importante que essa fundamentação, dentre outros aspectos, interprete o significado dos conceitos utilizados e seus desdobramentos, identifique as variáveis relacionadas à situação, como elas se manifestam e atuam. Cabe ainda lembrar que a maneira como focalizamos e descrevemos a realidade depende significativamente do modo como a vemos em vista do que devemos, também, analisar e compreender nossa visão de mundo. Este ponto de vista, ou perspectiva de enfoque, pode, por outro lado, orientar-nos para definir um foco limitado para o projeto, conduzente ao seu fracasso ou incapacidade de produzir resultados transformadores. A esse respeito pode-se lembrar o pensamento tântrico que aponta para o risco de se adotar uma visão reativa em relação à situação-problema, ao nos lembrar que: "da avaliação dos obstáculos vem o fracasso, da avaliação dos meios, nasce o sucesso"[1].

## 2.1. Especificando a situação-problema

Descrever uma situação-problema, isto é, apresentar de forma específica a definição do seu foco de atenção, não é uma tarefa muito simples. Aqueles que rápida e facilmente especificam o problema do seu projeto poderão estar apenas tocando a periferia das questões substanciais que caracterizam uma dada situação e, por isso mesmo, produzindo o desvio da atenção do que é importante para o que é secundário, ou trabalhando em generalidades superficiais, vindo, em médio prazo, a agravar mais a situação, por se mexer nela, sem condições efetivas de melhorá-la.

É preciso lembrar do que denominamos de "síndrome de iceberg": na superfície ficam os elementos secundários, superficiais e sintomas. Prestar atenção exclusivamente neles representa tapar o sol com a peneira e até mesmo resulta em, diferentemente do pretendido, reforçar e fortalecer as questões básicas e fundamentais que sustentam a situação-problema.

---

1. Tantra (séc. VII): textos do hinduísmo, budismo e jainismo.

**Figura 1 – Proporção entre sintoma e problema**

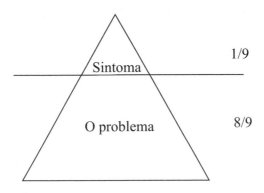

A definição do problema corresponde à delimitação clara do foco de atenção do projeto e é, pois, componente crucial do mesmo e não pode ser inespecífica, vaga ou genérica. Isto porque não basta atirar numa direção, é necessário atirar no alvo.

A análise de um problema constitui-se em substancial tarefa de gestão, que deve ser exercida com regularidade e perspicácia. No entanto, lançamo-nos, muitas vezes, rapidamente às soluções e ações que julgamos necessárias e, com essa mesma prática, encobrimos os reais problemas. Aliás, este é um defeito muito comum de projetos, a partir do seu comprometimento com uma solução, sem a compreensão clara da situação, como se verá a seguir. A especificação da natureza do problema implica um modo inquisitivo e perspicaz de pensar sobre a realidade e exige que se faça perguntas penetrantes e com agudeza de espírito, de modo a se conhecer a real natureza do problema e o que não faz parte dele; quais são seus elementos essenciais e quais os secundários.

Dirigentes que são ineficazes analistas da realidade em que estão envolvidos podem prejudicar a sua organização, produzindo sérios prejuízos, por tomar decisões que não apenas deixam de produzir avanços, como também conduzem a ações irrelevantes e inconsequentes, e que desgastam a credibilidade do esforço voltado para a melhoria e mudança.

Qual é a situação? Qual seu significado? Quando ocorre? Como ocorre? Quais são suas características? Como se desvia de outra situação desejada? Quais seus elementos? Como estes se manifestam? Com que frequência e intensidade? O que pode explicar a situação? Qual sua extensão ou intensidade? Quem são as pessoas nela envolvidas? Como a mantêm? Estas são algumas das perguntas que se pode fazer a partir da realidade e da literatura, para o levantamento de informações necessárias à compreensão sistemática e objetiva a uma dada situação. É importante observar que a orientação das perguntas deve ser no sentido de conhecer a realidade e não de propor uma solução para ela, sem o devido estudo e compreensão da mesma, como, no entanto, é comum acontecer.

Trata-se de um esforço voltado para conhecer a realidade de maneira abrangente, mas também específica. No caso de análise quantitativa, os números não devem ser interpretados por eles mesmos e não também apenas de uns em relação a outros, mas em relação ao contexto sociocultural que produz e explica a realidade.

É preciso tomar muito cuidado, também, para evitar a proposição de problemas genéricos e rotuladores, como por exemplo os de falta de motivação de funcionários, os de comunicação ineficaz, que acobertam muitos problemas reais, que deveriam ser atacados diretamente. Tais descrições, por outro lado, conduzem, por seu caráter remedial e negativo, a ações reativas e conservadoras, sem condições de auxiliar na transformação organizacional e institucional.

Alerta-se ainda para que se evite a tendência de descrever barreiras, isto é, de se fixar em aspectos impeditivos da busca de soluções, assim como de se tratar os problemas academicamente, gerando debates conceituais e classificatórios, sem nenhuma vinculação com questões concretas da realidade. Na área social, notadamente na educacional, esta prática é muito comum.

Muito embora os projetos focalizem ações e objetivos delimitados, é importante ter em mente a sua relação com o todo, dada a interação sistêmica que ocorre na realidade. Qualquer ação ou mudança provocada afeta o conjunto todo, em vista do que faz parte de sua definição, o estudo das possibilidades de sua repercussão em outros setores e no conjunto.

> Situação-problema bem definida resulta em soluções mais lógicas e objetivas.

## 2.2. Análise de descrição de problema

A análise de problemas descritos em projetos constitui-se em excelente exercício alargador de horizontes sobre esse procedimento básico do planejamento. É importante lembrar que o planejamento pressupõe pensamento complexo e interativo e que é possível exercitar esse pensamento a partir de projetos já elaborados, mediante observação e análise de seus componentes e a forma como são apresentados.

A partir de um exercício rápido com um grupo de participantes de um curso sobre elaboração de projetos, caracterizado em grande parte por exploração de ideias, obteve-se algumas descrições de situações-problema que demandavam ações articuladas e concertadas para a sua superação. A seguir são examinadas algumas dessas descrições, a fim de observar seu significado e seu potencial para orientar ações.

**Caso 1**

O seguro é um ramo de atividade que, por sua própria natureza, gera muitas reclamações judiciais. Esse fato, aliado ao volume crescente de produção (venda de seguros) vem aumentando a frequência de ações propostas contra a companhia. Verifica-se, ainda, a existência de pontos negativos, na forma como os serviços são presentemente prestados.

Os profissionais disponíveis, frente a tal volume de trabalho, vêm com grande dificuldade desincumbindo-se das rotinas necessárias à execução dos serviços, por não disporem de ferramentas que propiciem agilidade, controle, racionalização de procedimentos e armazenamento de dados.

Hoje trabalha-se, sobretudo, para realizar tarefas, não se dispondo de tempo para analisar os resultados obtidos, a fim de avaliar o desempenho, em vista do que se evidencia a necessidade de agilizar e incrementar procedimentos para obter produtividade com qualidade.

Pode-se afirmar que o texto apresenta mera descrição preliminar para firmar o ponto de vista do projeto, a partir do qual a especificação deveria ser construída. Sem a devida especificação, o projeto pouco poderá orientar o empreendimento de ação objetiva e eficaz. Para essa especificação, dentre outros aspectos, alguém pode examinar:

- Qual tem sido o volume de venda de seguros (produção)?
- Como tem evoluído e com que características?
- Quais são os pontos negativos de prestação de serviços?
- Como são eles e o que os mantém?
- Como é a rotina de trabalho e o que ela representa?
- Por que se trabalha, sobretudo, para realizar tarefas?
- Que tarefas são essas?
- O que cria essa atitude? Todos trabalham dessa forma – ela é generalizada?

- Apenas ferramentas ajudarão a resolver o problema? Por quê?
- Que ferramentas tem-se em mente?
- O que se entende por racionalização de procedimentos?

A linha de raciocínio da descrição apresentada conduz à elaboração de um projeto que ataca a questão da organização do trabalho e da sua eficiência no manejo das demandas judiciais apontadas. E o bom-senso indica que esse é o caminho correto. Porém, não se pode agir apenas a partir desse entendimento, sob pena de se atuar apenas reativamente e, portanto, apenas sobre o sintoma. Poder-se-ia, nesse caso, estar gerenciando eficazmente a água produzida pela goteira, enquanto a goteira, pelo seu próprio fluxo natural não controlado, tenderia a aumentar. É necessário que a questão seja também articulada num contexto mais amplo, envolvendo várias unidades ou segmentos da organização, do ponto de vista do negócio como um todo.

Dever-se-ia, por conseguinte, questionar, também, sobre a questão proposta no caso apresentado:

- Qual a natureza das questões judiciais apresentadas?
- Que tipo de pessoas as apresentam?
- Quais as suas necessidades?
- Como elas poderiam ser atendidas?
- Como e com que frequência as questões judiciais ocorrem?
- Por que ocorrem?
- Quais seus desdobramentos?
- O que tem sido feito a respeito?

**Caso 2**

Dentro de uma realidade nacional e internacional, é notório que apenas poderá garantir seu espaço no mercado a empresa que estiver preocupada em garantir tecnologicamente a qualidade do seu produto. Na linha de prestação de serviços em avaliações toxicológicas, este procedimento foi muito bem absorvido pelas comunidades europeias e norte-americanas. Nesses continentes, a qualidade de seus produtos é avaliada em cultivo celular por apresentar maior sensibilidade e também com o objetivo de diminuir o uso de animais para esse fim.

Portanto é de extrema necessidade a interação Instituto/Empresa, para podermos colocar no mercado um produto que contribua para a melhoria da qualidade de vida e que seja a alavanca de diferenciação de nossa empresa, possibilitando, num futuro próximo, uma autonomia orçamentária.

Verifica-se nessa descrição, novamente, a preocupação com a mera formalidade, dado o seu caráter genérico, que não se refere especificamente à questão da interação Instituto/Empresa, que é o foco do projeto e precisa ser explicitado:

- Que se tem em mente com essa interação?
- O que a interação envolve? Quais seus elementos?
- Como ela pode contribuir para a geração de novos produtos?
- Como tem sido essa interação até o momento?
- Como ela tem prejudicado a geração dos novos produtos? – sem a explicitação e o esclarecimento sobre esses aspectos, tem-se a suspeita de que é possível ter ocorrido a fixação sobre uma solução (interação insti-

tuto/empresa) que talvez não seja a melhor ou que, até mesmo, seja inadequada para a problemática.

Registra-se ainda que, na análise de uma situação-problema, deve-se evidenciar as suas potencialidades e não apenas as suas limitações. Por outro lado, quando o projeto se assenta numa solução e não numa situação-problema, propriamente dita, conforme no caso anteriormente descrito, corre-se o risco de escamotear a possibilidade de promover uma transformação significativa da realidade.

## 2.3. Orientação para descrever a situação-problema

Alguns cuidados são fundamentais para que se possa descrever uma situação-problema, de modo a orientar adequadamente o planejamento de intervenção pretendido sobre ela:

- Focalize e delimite a área de atenção. – Essa focalização estabelece a unidade de análise, a clareza e consistência da proposição, ao mesmo tempo em que evita a dispersão de atenção, energia e esforços.
- Identifique todos os elementos envolvidos, fazendo uma lista deles. – Essa identificação permite avaliar os elementos centrais e os secundários, os esporádicos e contínuos. Ela corresponde a um mapeamento dos conteúdos e aspectos envolvidos. Aliás, esta e a primeira atividade são intimamente relacionadas.
- Desenvolva o entendimento da expressão e significado desses elementos – suas características, causas, consequências, extensão, profundidade. – Como a verdade não aparece superficialmente, é necessário aprofundar a observação e a análise dos fatos e processos, visando a compreensão e o desvendamento da realidade. Essa compreensão permite buscar significados subliminares,

constituindo-se em precondição para que se possa elaborar planos válidos e adequados.

- Mapeie o relacionamento entre os elementos que compõem a situação-problema. – Esse mapeamento permite compreender a forma como os elementos se influenciam e como se reforçam reciprocamente, de modo a se poder determinar quais as ações com potencial de maior abrangência e efetividade. Compreender essa relação já é meio caminho para a solução. Algumas vezes o bom encaminhamento a problemas depende não de que se faça algo novo, mas de que se deixe de atuar topicamente, desconsiderando os aspectos e processos interativos dentre os vários aspectos da realidade.

- Verifique o contexto da situação focalizada, a fim de identificar sua relevância no conjunto de situações observadas. – Identificar as manifestações superficiais das situações, em relação ao contexto que as mantém, torna mais clara a percepção da realidade, permitindo discriminar entre sintoma e dificuldades que as sustentam, entre os aspectos secundários e os essenciais.

- Transforme negativismo e reativismo em orientações proativas. – A perspectiva proativa supera o envolvimento e estimula a visão estratégica, promovendo resultados mais consistentes de médio e longo prazos.

- Estabeleça precisão e profundidade à descrição, evitando a superficialidade e a generalidade. – Ao dimensionar e quantificar os elementos envolvidos, analisando suas relações objetivas, evita-se as análises abstratas e acadêmicas que traduzem generalidades. Tal procedimento está associado à descrição de significado desses elementos. Isto é, não basta identificar, por exemplo, que as relações interpessoais no ambiente de trabalho são tensas e difíceis. É necessário caracterizar em que consiste essa tensão e dificuldade, como se expressa, como se distribui, o que a produz e mantém, que problemas acarreta, etc.

Apenas quando você compreende completamente os conceitos relacionados ao seu trabalho é que você pode estabelecer prioridades, estratégias e planos.

## 3. Proposição de objetivos

A descrição de objetivos define os *resultados* que se pretende alcançar com a realização do projeto. Portanto, constitui-se no seu elemento central, uma vez que define a sua direção e o seu alcance. A descrição do objetivo propõe um resultado alcançável num tempo limitado, de modo a estabelecer um compromisso de trabalho, em vista do que descrições genéricas como "melhorar a qualidade dos serviços" de pouco adiantam, funcionando muito mais como simples ornamento verbal do que como orientador objetivo das ações. Quais serviços? Todos? Melhorar em que aspectos?

Os objetivos têm o papel de direcionar tanto as ações a serem promovidas quanto sua avaliação, de modo a identificar seus resultados. Em vista disso, devem formular resultados mensuráveis, capazes de orientar a visualização e julgamento dos resultados objetivos.

Torna-se necessário distinguir entre objetivos e procedimentos, aspectos esses que são comumente apresentados como se fossem objetivos e que desvirtuam a realização do trabalho, por confundirem eficiência (procedimentos), com eficácia (resultados). Da mesma forma, não se deve confundir objetivos com finalidades, cujo alcance extrapola os limites de um projeto. Os procedimentos apresentam a descrição do que é necessário fazer para obter um resultado (mudança, produto, transformação) pretendido. Por exemplo, a proposição "informar o cliente sobre a qualidade de um serviço" denota uma ação que necessita estar associada à ideia clara do resultado que se pretende com essa informação.

Os objetivos se apresentam em níveis, de acordo com sua abrangência: os mais abrangentes são os objetivos gerais e os mais delimitados são os específicos.

*Alguns exemplos*

Em um projeto voltado para o estabelecimento de um sistema integrado de compras foram propostos os seguintes objetivos:

Objetivo geral

*Integrar e otimizar o processo de aquisição de bens e de serviços.*

Observa-se na redação deste objetivo apresentado como geral em um projeto a proposição de dois resultados: otimizar e integrar. Tal proposição apresenta algumas limitações:

- A proposição sugere dois aspectos diferentes: integração e otimização, que demandam um melhor entendimento do que cada um deles representa e qual a possível relação entre os dois. É importante ressaltar que o objetivo geral tem o papel de estabelecer uma intenção, uma linha geral de ação que, no entanto, deve caracterizar-se pela unidade.

- Há, portanto, no objetivo proposto, uma duplicidade de resultados, que pode contribuir para a dispersão do foco de atenção e consequente enfraquecimento da finalização de resultados, bem como para realizar sua avaliação.

- O conceito de otimização corresponde a um processo de desenvolvimento que demanda continuidade e permanência em toda e qualquer ação, devendo, portanto, servir muito mais para a proposição de princípios de ação que orientem todo e qualquer projeto e não apenas um. Isto é, ao se propor otimização como um resultado de um projeto esse princípio pode deixar de ser foco de atenção em outros projetos e circunstâncias de trabalho.

- Sugere que a questão que se pretende superar focaliza a falta de integração do processo de aquisição desses bens e serviços. É interessante apontar que o mesmo pode estar representando um caráter reativo, o que pode indicar falta de visão estratégica. O objetivo poderia ser: "Tornar o processo de aquisição de bens e de serviços, ágil, eficaz e proativo". Ainda assim, se poderia perguntar: – Que resultados são pretendidos com tal processo? Talvez, então, após essa reflexão se propusesse outro objetivo: "Garantir a oferta de bens e serviços adequados, suficientes e em tempo hábil, por sua aquisição ágil, eficaz e proativa".

Portanto, a proposição de objetivo geral pressupõe que se tenha claro o foco unitário e que se entenda bem e claramente o significado e alcance do(s) conceito(s) nele inserido(s).

Objetivos específicos

Foram delineados, como delimitação do objetivo geral anteriormente proposto, os seguintes objetivos específicos:

1) "Definir política de compras e de relacionamento com os fornecedores".

2) "Determinar o fluxo ordenado das informações e das tarefas que fazem parte do processo".

3) "Definir o processo de regulação das compras e contratação de serviços".

4) "Delinear o âmbito de decisão sobre a realização de compras e de serviços".

5) "Delinear poderes e responsabilidades dos atos do projeto".

Esta listagem de objetivos específicos traduz a maneira como os propositores do projeto interpretam os conceitos propostos pelo objetivo geral. Quando adequadamente descritos, os objetivos específicos apontam para dimensões e aspectos julgados importantes e necessários para a efetivação do(s) objetivo(s) geral(ais). É importante verificar que todos os objetivos específicos anteriormente propostos indicam como foco atividades e processos, tal como no objetivo geral, considerando-os como os resultados mais importantes.

Veja-se agora mais dois objetivos propostos para orientar o projeto em questão:

• *Envolver as áreas durante o processo para o conhecimento e decisão sobre os assuntos pertinentes.*

Esta formulação, como se pode verificar, refere-se a uma estratégia de trabalho e não a um resultado do projeto; nela, no entanto, está subentendido um resultado interno, qual seja, o de analisar processos e tomar decisões de forma participativa.

• *Contratar analista de sistema para desenvolver um sistema.*

Esta descrição se refere a uma atividade específica e não a um resultado de uma ação.

O papel dos objetivos específicos é o de delimitar e propor os desdobramentos do objetivo geral em resultados menores. Esses objetivos devem relacionar-se aos fatos e aos indicadores apontados na análise do problema, em vista do que, sem uma boa análise do problema, não se pode propor bons objetivos.

Na proposição, anteriormente apresentada, deduz-se que a falta de integração do processo de aquisição de bens e de serviços está associada diretamente à falta de política de compras e de relacionamento com fornecedores, determinação de responsabilidades e autonomia na tomada da decisão sobre a questão.

No entanto, os resultados propostos apontam para a produção de documentos, normas e procedimentos como resultado importante para superar aquelas falhas. É necessário apontar que estes, por si sós, não irão garantir a integração do processo pretendido; isso porque não são propostos objetivos que garantam a implementação do estabelecido pelos documentos, nem que princípios devam nortear esses documentos, uma vez que eles se restringem à organização. Em vista disso, tornar-se-ia necessário, para estabelecer coerência e consistência das ações, que se (re)dimensione o objetivo geral, acrescentando, por exemplo, objetivos específicos que garantissem plenamente a integração do processo e não apenas que oferecessem instrumentos utilizáveis para tal fim.

Poder-se-ia propor como objetivos específicos, de maneira a dotar o projeto de prospectiva proativa, mas ainda seguindo o mesmo foco de atenção:

1) Promover relacionamento com fornecedores e realizar compras pela ótica ganha-ganha.

2) Dotar todos os envolvidos no processo de informações completas e atualizadas pertinentes ao mesmo.

3) Contratar serviços a partir de critérios de produtividade.

4) Alargar o âmbito de poder na tomada de decisão pelos compradores.

5) Estabelecer prática de compartilhamento de responsabilidade por resultados.

A explicitação do objetivo geral em objetivos específicos corresponde a um processo de desmembramento do mesmo em resultados menores, em acordo com a interpretação que se faz das possibilidades, à luz das problemáticas analisadas. Tal processo implica tanto uma visão clara do problema quanto um entendimento aprofundado dos conceitos específicos. O que se entende por cada um deles? Que aspectos estão a eles relacionados ou nele inseridos?

> Não há vento favorável para quem não sabe que direção deve tomar e aonde pretende chegar.

## 4. Definição de metas

Os objetivos, conforme foi indicado, indicam a direção e o sentido dos resultados pretendidos e, por isso, exercem o papel de estabelecer uma intenção e um direcionamento para o projeto e suas ações. Correspondem a uma declaração geral do propósito do projeto, sendo similar a uma definição de missão e princípios, na medida em que estabelecem parâmetros gerais para a ação. Consistem normalmente tanto de uma declaração do que o projeto alcançará, quanto pela ausência do que não o fará. Como, porém, não apontam elementos orientadores de mensuração, não apresentam condições para orientar a sua avaliação.

Portanto, a partir da proposição de objetivos, torna-se necessário definir condições de nortear a avaliação da eficácia do projeto, definindo com maior precisão os resultados esperados com a sua realização, mediante a especificação quantitativa desses resultados, bem como do tempo em que deverão ser alcançados. Essa definição corresponde à especificação de metas.

Uma meta corresponde a uma declaração quantitativa dos resultados do projeto, declaração esta proposta de forma mensurável, de maneira a determinar o foco específico da avaliação. Quando as metas de resultado são claramente declaradas, a efetividade dos esforços e gastos despendidos no projeto pode ser avaliada. Muitos planejadores de projetos, sobretudo os da área social, deixam no entanto de dedicar tempo e atenção suficiente para planejar as metas do projeto em termos de resultados quantificáveis. Como resultado, no momento de avaliar a efetividade do projeto, não são capazes de apresentar evidências de seu sucesso.

A meta é, pois, uma definição quantitativa (frequência e intensidade) dos resultados pretendidos pelo projeto, expressa comumente por percentagem, identificada com prazos de realização. Essa proposição torna mensuráveis os resultados do projeto e permitem a realização de monitoramento e avaliação objetivos.

*Por exemplo*, dado o objetivo de *qualificar funcionários para a melhoria na prestação de serviços*, um projeto propõe como meta:

*Treinar 35 vendedores no atendimento a clientes, visando um aumento em 20% da clientela, até dezembro.*

É importante compreender que esses números não são definidos aleatoriamente ou a partir de simples conjectura. Eles devem ser baseados em um conhecimento objetivo da realidade e uma análise prospectiva da mesma. Portanto, para definir a meta, cabe ter em mente um diagnóstico claro e preciso da situação e necessidade envolvidos e devidamente dimensionados: Quantos são os clientes atuais? Qual seu índice de satisfação? Qual o potencial possível de crescimento? Que projeções podem ser definidas a respeito? Portanto, não se pode adequadamente definir metas sem o conhecimento da frequência e/ou intensidade do elemento que se pretende alterar. Seria meramente retórico definir o aumento de uma percentagem, caso não se conhecesse as suas bases iniciais. A meta, portanto, deve representar uma quantificação a partir de uma quantidade objetivamente conhecida e devidamente analisada em sua conjuntura e representação.

*Outro exemplo* de meta identificado em outro projeto:

Dado o objetivo de *Melhorar o atendimento a usuários dos serviços da organização*, foi proposta a seguinte meta:

*Aumentar o índice de satisfação dos usuários dos serviços da organização em 50% no período de cinco meses.*

Observa-se ser fundamental existir uma relação entre objetivos e metas. Em tese, se todas as metas do projeto forem alcançadas, os objetivos também o seriam. Por outro lado, as metas e os objetivos estão diretamente relacionados às necessidades e, indiretamente, aos recursos.

Para formular uma meta é importante que se responda a três perguntas em relação aos objetivos:

• Quem é o público?

• Qual é o desempenho desejado?

• Quais são as condições do alcance?

Em um projeto de parcerias em educação entre escola e empresa foi definida a seguinte meta que pode servir como exemplo:

*Os alunos da 3ª série* (público) *melhorarão suas notas de avaliação em Matemática numa média de três pontos de acordo com rendimento em testes de avaliação externa (a exemplo do Saeb/Enem)* (desempenho)*, após trabalharem uma hora por semana, durante 15 semanas, em programa de desenvolvimento de aprendizagem* (condições).

Com esta meta claramente formulada, torna-se fácil determinar se o projeto obteve o resultado pretendido de aprendizado para o aluno. Após 15 horas de atividade, distribuídas em 15 semanas de aulas, verificar-se-á, pelos resultados dos testes, em que medida os estudantes melhoraram a sua aprendizagem e o alcance da meta pretendida pelo projeto.

Quando não se dedica o tempo necessário para descrever as metas do projeto neste ponto será quase impossível avaliar o seu êxito e, em decorrência, promove-se a quebra de credibilidade dos projetos. Uma vez que a avaliação está se tornando uma questão cada vez mais importante nas organizações em geral, a definição de metas claras para orientar os projetos torna-se uma questão muito importante.

*Convergência entre os objetivos/metas do projeto e as prioridades da organização*

Seu projeto deve ser visto como uma forma de ajuda na organização para alcançar os objetivos e metas existentes, enfim, a melhorar o seu desempenho. Se na fase de planejamento não se for capaz de estabelecer a consistência dessa relação e a mobilização dos esforços necessários para tal fim o projeto não funcionará. Seus objetivos e metas devem, portanto, coincidir com as prioridades existentes na organização.

Os melhores resultados são os transformadores. Evite afixar-se nas atividades-meio.

## 5. Delineamento de método, estratégias e procedimentos

O método diz respeito a uma concepção que coordena um conjunto de estratégias, procedimentos e operações delineados para realizar os objetivos propostos no projeto. Constitui-se, numa lógica que propõe e estabelece a unidade da ação a ser desencadeada. Portanto, método pressupõe uma concepção a respeito do modo de agir e não apenas uma listagem de procedimentos, atividades e tarefas, a que geralmente os elaboradores de projetos se atêm. Epistemologicamente o termo método é considerado como sendo o caminho a seguir (meta = para, odos = caminho), que determina o modo de caminhar e as condições da viagem (procedimentos e recursos a serem utilizados). Deve-se, no entanto, ir um pouco mais além desse entendimento, envolvendo a compreensão de ideias, princípios e teorias capazes de estabelecer a unidade de ação pretendida e interligação entre os vários elementos, momentos e procedimentos adotados.

O conjunto de método, estratégias e procedimentos estabelece um plano de ação geral, ordenado e integrado, considerado necessário para empreender um processo de melhoria de uma dada situação-problema, a criação de uma condição nova, ou outros resultados que atendam às necessidades apontadas na análise da situação-problema.

A sua proposição deve levar em conta a coerência entre os diversos procedimentos e estratégias, assim como entre esses elementos e os objetivos propostos. Um processo alcança mais rapidamente e de forma mais efetiva seus objetivos, se conduzido pelo caminho mais simples, mais viável e mais adequado e são justamente essas características que devem ser consideradas na proposição de métodos para realizar os objetivos de um projeto. Garante-se, dessa forma, tanto a coerência de concepção do projeto quanto o equilíbrio da relação custo-benefício, pela relação entre dispêndio de energia, de materiais, de recursos em geral e de resultados. Isto porque, quando falta método, as ações são realizadas de forma fragmentada e até mesmo aleatória, deixando de garantir os melhores resultados.

Uma vez proposto o método, o mesmo é desdobrado em procedimentos e atividades, que são especificados tanto quanto possível. No entanto, há de se convir que, dadas a dinâmica e a complexidade de qualquer realidade sobre a qual se pretende atuar, tal especificação não pode ser definida totalmente e em detalhes *a priori*, do que resulta a necessidade de se prever para o momento da ação espaço para alternativas diversas (flexibilidade do projeto). Segundo Morin (1998), o método, em seu sentido pleno, só pode formar-se no decurso da ação, em vista do que, para alcançar o não conhecido, isto é, a nova situação proposta para ser construída com a implementação do projeto (o objetivo), é preciso percorrer o caminho desconhecido, o que demanda criatividade de conceitos e de ações. Portanto, não é possível pensar em considerar as proposições de método, estratégias e procedimentos, como receitas técnicas específicas a serem rigorosamente administradas. Isso é tanto mais verdade nos projetos sociais, cujo objeto é mais dependente do impacto humano do que nos projetos tecnológicos, cujos resultados são mais diretamente dependentes de equipamentos e tecnologia.

É justamente a proposição de método que garante a flexibilidade do projeto e a sua fluidez diante de imprevistos, enquanto que na ausência dele surgem impasses, imobilização, paradas, atrasos e desvirtuamentos. Eis o que um projeto propôs, em seu trabalho preliminar, como seu método e estratégias de ação:

> Por meio de um processo participativo, ou seja, através de um grupo de trabalho, constituído de representantes das áreas envolvidas, serão propostas as políticas gerais do processo de compra, envolvendo estabelecimento de padrões a serem implantados, análise de custos e estratégias para a tomada de decisão. Esta será a primeira fase do processo, que se baseará em um diagnóstico amplo das limitações atuais desse processo.
>
> A segunda fase será iniciada após aprovação pela diretoria, à ideia preliminar do projeto e

envolverá análise do processo existente e cotejamento do mesmo com um modelo racional, visando propor melhoria ao primeiro.

A terceira fase abrangerá a análise de fluxo de documentos, de potencial humano envolvido em cada atividade predefinida, de maneira a estabelecer um plano de qualificação de pessoal e normatização de procedimentos.

A última fase se caracterizará por um trabalho-piloto para que, experimentalmente, sejam analisadas as condições de aplicabilidade e feitos os ajustamentos necessários.

Em cada uma das fases se praticará o princípio da participação e interatividade, de modo que cada uma delas esteja integrada à anterior reforçando seus resultados e avanços.

O primeiro parágrafo sugere um método democrático e participativo, que pressupõe trabalho em equipe. Este tipo de trabalho é proposto para a 1ª fase do projeto.

No segundo, terceiro e quarto parágrafos, há a referência a atividades, o que se vai fazer – sem que se indique que o método participativo será adotado. Porém, é possível pressupor a manutenção daquele método no processo todo, tal como deve ocorrer em uma orientação metodológica. No último parágrafo, esse entendimento é esclarecido.

A vontade é um grau superior de inteligência. A ação, um grau superior de vontade (Guijan).

## 6. Especificação de cronograma

"Chronos" representa o tempo de que se dispõe ou que é necessário para a realização de um trabalho e promoção dos resultados pretendidos. Pelo cronograma o mesmo é dimensionado e especificado para organizar as ações necessárias para realizar os objetivos. Esse tempo é um bem precioso e, consequentemente, consiste em um importante elemento para estabelecer e avaliar o sucesso de um projeto (DINSMORE, 1992). Apesar de seu valor, no entanto, saber avaliar e maximizar o tempo necessário para a realização de ações constitui uma habilidade rara. A habilidade de realizar gestão do tempo continua deixando de ser devidamente considerada.

A distribuição do tempo a ser empregado na efetivação de um projeto deve ser especificada, tanto quanto foram detalhadas as suas atividades. Muitas vezes, uma proposta não vem a se materializar, seja pela ocorrência de situações inesperadas e de novos fatos imprevistos, que demandam maior alocação de tempo na execução de tarefas pelas pessoas envolvidas, seja pela má gestão do tempo, o que ocorre comumente – projetos são atrasados, vindo, por isso, a exigir mais recursos, tornando-os muitas vezes inviáveis. É importante ressaltar que atrasos e subaproveitamento do tempo tendem a aumentar os custos, da mesma forma como delongam a obtenção de resultados e, em consequência, geram, também, desestimulação e descrédito em relação às ações envolvidas no projeto.

Esse fato não é, porém, motivo para que se abandone o planejamento de ações e a especificação objetiva, pois sem tal processo estar-se-ia inexoravelmente à mercê dos acontecimentos, das situações e do humor das pessoas. Agilidade é a marca de nosso tempo e deve ser a marca da busca de melhoria de processos, que deve ser considerada quando das decisões sobre ajustamento de cronograma, que ocorrem no momento da implementação de projetos.

No estabelecimento de cronogramas há uma tendência a considerar que sendo os problemas complexos e amplos, os resultados esperados só podem ser alcançados em médio e longo prazos, o que leva a uma imobilidade ou afrouxamento na determinação de prazos delimitados, mediante a sua determinação por estimativas baseadas em opiniões e não mediante o estudo objetivo de quanto tempo é necessário para uma determinada ação. Até mesmo ocorre a sua fixação apenas pró-forma, para complementar o projeto. No entanto, deve-se ter em conta que a sociedade da informatização e a economia atual demandam rapidez e agilidade na busca de soluções e de respostas a novas demandas, em vista do que o tempo se torna um importante valor mensurável e quantificável.

A proposição do cronograma permite, portanto, ajustar no tempo a proposição de resultados, tanto intermediários como finais, estabelecendo importantes parâmetros de monitoramento e avaliação do projeto.

O cronograma em um projeto representa uma tomada de decisão pela qual se estabelecem prazos de execução que são definidos a partir do exame da necessidade e da possibilidade identificadas para o atendimento de uma situação-problema. De nada adianta realizar tardiamente o que já não é necessário. Deve-se considerar que atender tardiamente às necessidades que se tornam crônicas por falta de atenção no momento em que ocorrem demanda muito maior esforço e mais recursos, causando elevadíssimos e evitáveis ônus. Iniciar ações no momento mais propício é, pois, elemento significativo da definição do cronograma. Em língua inglesa utiliza-se o *timing*, termo de difícil tradução adequada, que representa o senso de oportunidade, a escolha do momento oportuno para agir a fim de obter o resultado máximo. A respeito, La Fontaine já afirmava em uma de suas fábulas: "correr não adianta, é preciso partir a tempo".

É comum, no entanto, identificar-se entre os planejadores a tendência a tratar a questão do cronograma unicamente como uma questão de distribuição de tempo e não de oportunidade do tempo ou mesmo de sua rentabilidade e aproveitamento.

Quando se perde o momento adequado para se atender uma necessidade, a mesma se torna crônica e, nesse caso, o seu atendimento se torna mais complexo e prolongado, impondo-se maiores dificuldades para a obtenção dos resultados desejados. Esse é, por exemplo, o caso das áreas da educação e da saúde, dentre outros, no contexto nacional – situações semelhantes existem, por certo, no âmbito das organizações e da vida pessoal de cada um.

O sistema passa, em consequência desse descuido, a funcionar insatisfatoriamente e essa condição passa, até mesmo, a ser considerada normal, gerando um espírito de acomodação. E o importante nesse processo não é o tempo em si, mas o que se faz com ele. Um dia de trabalho pode resultar em grandes realizações ou em nenhuma, dependendo da atitude, empenho e competência com que se age, isto é, com o que se faz com o tempo. A constância, o discernimento, o cuidado com a obtenção de informações corretas são algumas das condições fundamentais para o bom uso do tempo.

Torna-se necessário, portanto, que o projeto seja proposto com um rigoroso sentido de utilidade de tempo, pelo qual um produto, um serviço, um objetivo são efetivados no momento em que são necessários, sem desperdício de meses, dias ou horas. "O tempo dura bastante para aqueles que sabem aproveitá-lo", conforme afirmou Leonardo Da Vinci, e para quem não sabe aproveitar os minutos, as horas escoam por suas mãos.

Em última instância, é necessário ter em mente que o cronograma oferece as condições de monitoramento das ações, pela verificação de que resultados parciais são produzidos no devido tempo, como condição para que os resultados finais sejam promovidos.

Perguntas que se deve fazer para definir o cronograma do projeto:

- Qual o melhor momento para realizar as ações específicas?
- Qual a sequenciação mais adequada das mesmas?
- Quanto tempo deve ser empregado para que cada ação cumpra seus objetivos?
- Como organizar o trabalho, de modo a maximizar o tempo?
- Como se pode realizar os objetivos propostos, mais rapidamente, sem prejuízo de qualidade e sem cair na superficialidade?

O tempo é um bem precioso. Trata-se de recurso estratégico fundamental, desde que se saiba usá-lo.

## 7. Identificação de recursos e custos

Um projeto não deve produzir resultados que valham menos do que custa para promovê-lo. Sempre se deve esperar com a sua implementação um retorno positivo na relação custo-benefício. Segundo Page-Jones (1990), "para que um projeto seja econômico e viável, deve prover benefícios que excedam os recursos disponíveis". Tal condição pressupõe um planejamento cuidadoso do dimensionamento equilibrado e uso correto de recursos e custos, que devem ser menores em relação aos benefícios pretendidos.

Para se avaliar essa relação, é necessário que os resultados de um projeto sejam mensuráveis e que o valor medido seja convertido num valor monetário, o que nem sempre é fácil ou possível, sobretudo em projetos da área social. De qualquer forma o esforço por quantificar o valor financeiro dos resultados obtidos é necessário. Ele deve orientar-se pelo estabelecimento de estimativas realísticas que levem em consideração o valor objetivo da condição subjetiva. Por exemplo, o desenvolvimento de uma habilidade pode ter seu valor estimado mediante a avaliação do retorno de sua aplicação em um dado período de tempo.

Outra dificuldade em tal tipo de avaliação reside no fato de que resultados nem sempre ocorrem imediatamente após o término de um projeto ou, ao ocorrerem, podem não se manter por muito tempo. É possível também obter um determinado resultado favorável em curto prazo que, em médio e longo prazos, se transforma em desfavorável. Em consequência, ao se realizar uma avaliação logo após o término do projeto pode-se ter uma falsa visão dos seus resultados.

Tanto as ações quanto as omissões têm seus custos, sejam diretos, sejam indiretos. Tempo, energia e atenção de pessoas, como bens materiais e físicos disponíveis na organização, custam dinheiro, cujo desembolso seja efetuado mesmo sem a realização do projeto. O seu custo deverá ser considerado na sua elaboração, a fim de que se possa conhecer o seu montante. Sem essas informações não se pode ter uma correta estimativa da relação custo-benefício.

Nada é feito sem custo e as coisas de menor custo podem chegar a representar um montante muito grande, que não é muitas vezes levado em consideração, quando consideradas em sua unidade, dada a relativa insignificância do seu custo. Por outro lado, muitas vezes também os custos indiretos não são levados em consideração e podem ser mais elevados que os diretos. Contudo, a consciência de custos e sua previsão e projeção são fundamentais, a fim de se identificar a relação custo-benefício em qualquer ação organizacional.

Todo projeto representa um valor, uma vez que procura criar algum benefício. É necessário, porém, diferenciar a discussão de valor, que é subjetiva, da de custo, que é objetiva.

Pelo enfoque da administração científica, tradicionalmente estabeleceu-se que para obter novos e maiores resultados (*outputs*) deve-se ter a entrada de novos recursos (*inputs*, traduzidos em aumento de custo). Dessa forma, a proposição de projetos veio sempre acompanhada da solicitação de novos custos, em desconsideração do potencial dos recursos existentes, sobremodo, dos referentes à sinergia humana.

A criatividade na proposição de recursos, a reciclagem de recursos existentes e a mobilização do talento humano coletivamente organizado como o recurso mais precioso com que se pode contar, são condições necessárias para se manter os custos baixos dos projetos.

## 8. Proposição de monitoramento e avaliação

Todo projeto deve ter incorporado um conjunto de técnicas e procedimentos de monitoramento da sua execução e avaliação e dos resultados, de modo não apenas a garantir a sua execução no tempo planejado, com os recursos previstos, mas também, e, sobretudo, a identificar a necessidade de medidas corretivas durante o processo, de modo que se garanta, desde o princípio e em cada momento, a efetividade do projeto.

Compete ao projeto prever estratégias de monitoramento e avaliação que permitam não só a sua contínua adaptação a situações novas e desconhecidas na fase de sua elaboração, como também o registro, análise e controle de seus procedimentos e respectivos resultados. Em vista disso, devem ser previstos instrumentos de registro de processos e resultados que venham sendo desenvolvidos e obtidos no decurso de sua realização.

Sem o monitoramento de projeto não se pratica a sua gestão ou gerenciamento, essa atividade é uma de suas principais ferramentas. O monitoramento "consiste em obter informações sobre o andamento do projeto, comparação com o plano proposto e tomada de medidas corretivas, se necessário" (CUNHA & BUGACOV, 1998: 290).

Monitoramento é uma atividade contínua, sistemática e regular que objetiva determinar se a implantação e implementação do projeto são realizadas de acordo com o planejado. Portanto, constitui o componente fundamental de gerenciamento do projeto. Sem monitoramento as ações deixam de ser acompanhadas e controladas, perdendo-se, dessa forma, a garantia da maximização da relação custo-benefício, como também a oportunidade de construção do conhecimento gerado pela ação, de que somos tão carentes.

A avaliação, embora associada ao monitoramento, corresponde ao processo de medida e de julgamento dos resultados parciais e finais obtidos pelo projeto e seu impacto sobre a realidade. Corresponde, portanto, a uma verificação de eficácia do projeto.

São necessários, para isso, registros de todos os indicadores de qualidade da situação, os quais devem ser previstos na fase de elaboração do projeto. Para tal fim, sugere-se a proposição de formulários específicos, nos quais se registrem os dados que possam permitir a efetivação dos indicadores (evidência) de resultados do projeto.

**Questões para reflexão**

- Como está seu nível de conhecimento e habilidades para elaborar projetos?
- Em que aspectos você precisa de maior atenção e cuidado?
- O que você pretende fazer para melhorá-los?
- Em que medida você valoriza e presta atenção ao diagnóstico da situação-problema?
- Em que medida você se dedica a ver crítica e estrategicamente essa situação?
- Quais suas habilidades em definir objetivos e metas adequadamente?
- Como está sua habilidade de gestão do tempo?
- Em que medida você é competente na proposição articulada de recursos necessários, suficientes e adequados para a implementação de projetos?

# 6 Implementação de projetos

A implementação de um projeto sempre exige esforço especial e concentrado, uma vez que é para realizar objetivos dentro do prazo e com gastos e ações controlados que ele é proposto. Na maioria das vezes, no entanto, exige esforço maior ainda do que previsto, por desestabilizar as práticas rotineiras, espontâneas e imediatistas, comumente adotadas no cotidiano organizacional. Nesse caso, o projeto é responsável pela criação de conflitos que demandam atenção especial e que devem ser administrados, a fim de que tenha sucesso. Tal condição demanda do gestor competências e habilidades especiais, sobretudo as de mediação e negociação. Sem essa perspectiva levada em consideração já na fase de planejamento, o projeto é fadado ao fracasso ou a resultados menores.

Infelizmente, no entanto, os planejadores de projetos deixam de prever este tipo de dificuldade para a implantação e implementação do projeto e não se preparam devidamente para enfrentar a situação. Algumas vezes, também, em face do enfrentamento dos naturais empecilhos e dificuldades, o entusiasmo da fase de elaboração do projeto diminui e o comprometimento com sua execução fica prejudicado pela ocorrência de hesitações e perda de ritmo. É comum ouvir gestores se lamentando das inúmeras dificuldades que enfrentam na implementação de projetos, seja por falta de colaboração ou por falta de recursos. Considerando que o projeto em si não garante estas condições, apenas pode prevê-las, é importante organizar-se para agir com empreendedorismo a respeito.

Outros problemas comuns são as situações inesperadas que, certamente, surgirão, com maior ou menor impacto sobre a vida e vitalidade do projeto. Não se pode antecipar e prever tudo, nem se pode controlar tudo, sobretudo em ambientes dinâmicos, movidos pela energia da mudança. Portanto, um projeto é limitado em sua capacidade de antecipar o que irá acontecer, de fazer previsões e de realizar mentalmente uma atividade. Estar preparado para aceitar imprevistos e lidar com eles é uma exigência básica para implementadores de projetos. Deve-se considerar que os projetos, por mais bem delineados que tenham sido, sempre simplificam a realidade e não traduzem a complexibilidade das interações entre os vários elementos que envolvem.

Atenção, perspicácia e flexibilidade são condições importantes para o gestor de projetos nesta fase, a fim de que possa orientar adequadamente o seu processo, enfrentar os imprevistos surgidos que, em geral, têm um forte componente comportamental. Saber lidar com suas manifestações comuns, como, por exemplo, tensão, conflito de interesse, reatividade, divergências de opinião, dificuldade de comunicação, é fundamental. A preparação do gestor de projetos para desenvolver essas habilidades deve, portanto, ser buscada, em relação a vários aspectos, como por exemplo: como se comunicar eficazmente, como motivar pessoas, como discernir entre comportamentos diferentes, como contornar comportamentos reativos, como administrar jogos de poder e articular interesses diferenciados.

A liderança e a coordenação imprescindíveis para maximizar forças e contornar fraquezas, bem como o emprego de influência sobre pessoas e situações, é muitas vezes imprescindível para que se promova a mobilização proposta.

- Quem são os atores diretos e indiretos?
- Quais são seus talentos?
- Qual seu nível de comprometimento?

- Quem atua como elementos intervenientes?
- Qual a inter-relação e articulação entre eles?
- Como se envolveu no processo?

Algumas medidas e cuidados são básicos na fase de implementação de um projeto para que se contorne suas naturais dificuldades: 1) análise e reconhecimento de benefícios; 2) adoção de atitude proativa em relação às dificuldades que surjam; 3) comunicação contínua com os atores envolvidos no projeto e formação de equipe; 4) adoção de abordagem interativa; 5) articulação e manejo de forças de poder. Estas são a seguir descritas.

**1. Análise e reconhecimento de benefícios**

Projetos podem representar ameaças: arriscar a imagem já formada e estabelecida, perder espaço e autoridade, sofrer sobrecarga de trabalho, que são alguns dos muitos elementos objetivos e subjetivos que podem ser considerados como riscos aos seus implementadores. Estes fatores por si só provocam a resistência de pessoas a envolver-se no processo. O próprio gestor do projeto pode sofrer desse mal, em consequência do que sua atuação se torna prejudicada e sem ímpeto, determinação e convicção.

É importante que sejam compreendidos plenamente os benefícios que podem ser auferidos, em contraposição a essa resistência que, via de regra, é estabelecida por uma visão limitada e de curto alcance. É importante, portanto, examinar: Além dos objetivos específicos do projeto, que outros resultados em médio e longo prazos podem ser obtidos? Como os resultados organizacionais podem beneficiar os implementadores em médio e longo prazos? Quais são as vantagens para a organização e para todos, implantando e implementando o projeto e quais as desvantagens não o fazendo?

## 2. Adoção de atitude proativa em relação às dificuldades que surjam

Diante de dificuldades e empecilhos na implementação de projetos – que certamente ocorrerão com maior ou menor intensidade, mais cedo ou mais tarde – é vital evitar a atitude hesitante a respeito da possibilidade da sua execução e, muito menos ainda, a respeito da sua necessidade. É fundamental, para tanto, que os problemas surgidos sejam considerados como desafios a serem vencidos com determinação.

## 3. Comunicação contínua com os atores e formação de equipe

A perda de contato e o sentimento de isolamento são elementos perigosos para minar a vontade dos atores em se empenhar pelos bons resultados do projeto. A formação de equipe e realização regular de reuniões para a mobilização dos atores como uma equipe comprometida com os resultados do projeto.

É importante que nessas reuniões sejam auscultadas as opiniões, expectativas e visões dos atores a respeito desse processo. Trata-se, aliás, de uma fundamental estratégia de monitoramento e avaliação do processo.

## 4. Adoção de abordagem interativa

Mediante processo de comunicação contínua e de dupla-mão, garante-se a interatividade entre os membros da equipe e a coordenação do projeto que, por si só, funciona como condição motivadora e promotora da continuidade de mobilização de esforços na sua implementação. Essa interatividade deve envolver também a visão de que todos os aspectos envolvidos no projeto são interinfluentes, sendo importante considerá-los em interação.

## 5. Articulação e manejo de forças de poder

Todo projeto mexe com nichos de poder estabelecidos e forças de influência exercidas para mantê-los ou até mesmo aumentá-los. Lidar com esses elementos demanda atenção, perspicácia e sensibilidade do gestor de projetos. Tal esforço deve ser orientado pela visão de poder pela competência que constrói autoridade, em separação ao poder de *status*, posição, título, relacionamento, antiguidade ou precedência.

"Novos projetos precisam ser traduzidos em realidade", conforme proposto por Hammer & Champy (1994: 176), uma vez que de nada adiantam as boas ideias, se não forem transformadas em ação. Para tanto, é necessário que não haja solução de continuidade entre os momentos de elaboração, implantação e o momento de implementação. Aliás, observa-se que quando a elaboração do projeto é realizada de forma participativa, já tem início, nesse momento, uma concentração de energia e predisposição para a sua viabilização e algumas medidas de mudança já são tomadas, motivadas pela sinergia produzida por essa participação, isto é, já iniciadas, informalmente ações preparadoras do caminho para a execução do projeto.

O processo cíclico de elaboração/implantação/implementação de projetos estabelece um movimento contínuo necessário à orientação e acompanhamento do mundo de mudanças que se vive, e conduz a organização a construir uma nova cultura, em substituição a antigas práticas de se esperar para ver o que acontece.

Projetos são propostos para serem implementados. Não devem constituir-se em ocioso exercício intelectual de algumas pessoas que, após descreverem uma situação-problema e proporem soluções para a mesma, sentem-se já com o dever cumprido a respeito. Deve caber-lhes a responsabilidade por, pelo menos, estimular, orientar e mobilizar talentos e energia assim como monitorar e avaliar a implementação do projeto.

Para que de fato os projetos sejam implementados, torna-se necessário que sejam considerados, em sua fase de planejamento, os fatores e condições que podem atuar como cerceadores e limitadores de sua implementação que podem ser técnicos ou políticos:

1) Momento – quando o *timing* do projeto não é adequado, não consegue promover mobilização para envolvimento no mesmo.

2) Custo-benefício – projetos perdulários ou de recursos escassos desconcertam e enfraquecem a mobilização para transformar a realidade.

3) Risco-recompensa – apenas a prática do "ganha-ganha" é capaz de manter o entusiasmo na implementação de projetos. Quando as pessoas sentem que ganha a organização e elas perdem, o projeto que estão executando fica fadado ao fracasso.

No entanto, observa-se que muitos projetos, que mobilizam entusiasmo e energia em sua fase de elaboração, não chegam a sair do papel ou são abandonados em meio à sua implementação. Nesses casos, teria sido melhor, quem sabe, que não fossem elaborados, pois evitar-se-ia grande desperdício de horas de trabalho, de energia e talento, e sobretudo a perda de credibilidade em relação ao método de projetos como estratégia de gerenciamento.

É necessário que se compreenda por que tais situações ocorrem, podendo-se levantar algumas hipóteses, como por exemplo:

- falta de modelo teórico direcionador da configuração do problema e de seus objetivos e estratégias, de modo a dar-lhe clareza e objetividade;
- falha de planejamento, por falta de visão objetiva das possibilidades e condições de sua implementação;
- falha de planejamento, por falta de previsão de imprevistos e dificuldades, associada à rigidez e caráter detalhista do projeto (falta de flexibilidade);

- realização do planejamento sem firme compromisso em implementá-lo, resultando em simples documento formal.
- falta de determinação dos seus implementadores em enfrentar as dificuldades quase sempre muito grandes e desafiadoras que se apresentam no caminho da implementação de projetos;
- falta de habilidade política dos responsáveis pelo projeto em negociar as condições necessárias para sua implementação, bem como em convencer pessoas e mantê-las comprometidas na implementação.

É possível afirmar que os processos estão fadados ao fracasso quando não levam em consideração os condicionamentos que estabelecem limites ou entraves operacionais e que são de ordem política, econômica, sociológica, psicológica e administrativa. Levar em conta os princípios condicionantes e a capacidade de superá-los ou contorná-los é condição para que não se estabeleçam com o projeto, expectativas infundadas, oportunidades de decepção e fracasso.

Limitações na implementação relacionadas ao projeto sempre ocorrem, em vista do que, adaptações devem ser feitas. Isso porque, na fase de elaboração, por mais ampla que tenha sido a observação, descrição e análise da realidade, sempre ocorre a impossibilidade de se conhecer e antecipar tudo, de desvendar todas as situações importantes; por outro lado, sendo as situações dinâmicas, mudam continuamente, diferenciando-se da proposta inicial do projeto. Sensibilidade para o desenrolar do processo e capacidade de reagir à sua dinâmica com flexibilidade são fundamentais.

### Questões para reflexão
- Em que medida você se sente preparado para enfrentar obstáculos, dificuldades?

*De nada valem as boas ideias, caso não sejam colocadas em prática.*

# Referências

CERTO, Samuel C. & PETER, J. Paul (1993). *Administração estratégica*. São Paulo: Makron.

CLEMENTE, Ademir & FERNANDES, Elton (1998). Planejamento e projetos. In: CLEMENTE, Ademir (org.). *Projetos empresariais e públicos*. São Paulo: Atlas.

CUNHA, João Carlos da & BULGACOV, Sérgio (1998). Gerência da execução de projetos. In: CLEMENTE, Ademir (org.). *Projetos empresariais e públicos*. São Paulo: Atlas.

DINSMORE, Paul Campbell (1992). *Gerência de programas e projetos*. São Paulo: Pini.

DRUCKER, Peter (1992). *Administração para o futuro*. São Paulo: Pioneira.

FURUSHO, Vitorio Y. (1997). Planejamento em informática. In: Bate Byte. *Celepar*. Ago., p. 14.

HAMMER, Michael & CHAMPY, James (1994). *Reengenharia revolucionando a empresa*. 18. ed. Rio de Janeiro: Campus.

HOLANDA, Nilson (1974). *Planejamento e projetos*. Rio de Janeiro: Apec.

HUERTAS, Franco (1996). *Entrevista com Matus – O Método Pes*. São Paulo: Fundap.

JURAN, J.M.A. (1992). *Qualidade desde o projeto – Os novos passos para o planejamento da qualidade em produtos e serviços*. 2. ed. São Paulo: Pioneira.

LÜCK, Heloísa (2001). *Planejamento em orientação educacional*. 13. ed. Petrópolis: Vozes.

_____ (1996). Gestão educacional: estratégia para ação global e coletiva no ensino. In: FINGER, Almeri et al. *Educação:* caminhos e perspectivas. Curitiba: Champagnat.

MALVEZZI, Sigmar (1981). A avaliação do processo decisório. In: Avaliação e tomada de decisão. *Rev. Sem. de Avaliação Educacional*. Ano 1, jan., p. 131-140.

MARQUES, Juracy Cunegatto (1987). *Administração participativa*. Porto Alegre: Sagra.

MORIN, Edgar. *Ciência com consciência* (1989). Lisboa: Europa-América.

_____ (1988). *O paradigma perdido:* a natureza humana. Lisboa: Europa-América.

PAGE-JONES, Meiller (1990). *Gerenciamento de projetos*. São Paulo: McGraw-Hill.

WICK, Calhoun W. & LEÓN, Lu Staton (1997). *O desafio da aprendizagem* – Como fazer sua empresa estar à frente do mercado. São Paulo: Nobel.

# Índice

*Sumário*, 7

*Introdução*, 9

1. Escopo geral do método de projetos, 15
    1. Por que projetos de melhoria, 17
    2. Em que se constitui a elaboração de projetos, 21
        2.1. Significados atribuídos a projetos, expressos em sua prática, 21
            a) Projetos como condição para liberação de recursos, 22
            b) Projetos como condição para alocação de pessoas, 24
            c) Projetos como condição para criar instituições ou novas unidades, 24
            d) Projetos como legitimação e justificativa de manutenção do *status quo*, 25
            e) Projetos como orientação articulada de inovação, melhoria e transformação, 26
3. Projetos não estabelecem soluções mágicas, 30
    3.1. A prática exagerada na gestão por projetos, 30
    3.2. Desperdício e fracasso planejados, 32
    3.3. Desvio de atenção do básico e do essencial, 34
4. Análise de resistências ao planejamento, 35
    4.1. Falta de tempo para planejar, 37

4.2. Preocupação com soluções imediatistas, 38

4.3. Influência de pressões do contexto de trabalho, 39

4.4. Hesitação em assumir responsabilidades, 41

4.5. Falta de conhecimentos sobre o planejamento e a habilidade em planejar, 42

4.6. Falta de conhecimento sobre o objeto do planejamento, 44

4.7. Descrédito quanto ao planejamento, 45

4.8. Dificuldades pessoais do gestor-planejador, 46

2. Aspectos específicos do processo de elaboração de projetos, 49

   1. Fases da elaboração de projetos, 49

   2. Focos de um projeto, 51

   3. Processamento de informações, 53

3. Eixos e características de projetos que funcionam, 56

   1. Enfoque no futuro, 56

   2. Participação e envolvimento, 58

      2.1. Como promover essa participação?, 59

      2.2. O sentido pleno da participação, 60

   3. Tomada de decisão, 62

   4. Processo mental interativo, 67

   5. Características de projetos que funcionam, 70

      5.1. Clareza, 71

      5.2. Objetividade, 72

      5.3. Especificidade, 73

      5.4. Visão estratégica, 74

      5.5. Aplicabilidade, 75

      5.6. Criatividade, 76

      5.7. Flexibilidade, 76

5.8. Consistência, 77

5.9. Coerência, 78

5.10. Globalidade, 78

5.11. Unidade, 79

5.12. Responsabilização, 79

6. Atitudes e habilidades pessoais necessárias para a elaboração de projetos, 80

4. Dimensões da elaboração de projetos, 83

1. Dimensão conceitual, 83

2. Dimensão técnica, 85

3. Dimensão política, 87

5. Estruturação de projetos, 91

1. Identificação do projeto, 92

2. Descrição da situação-problema, 96

   2.1. Especificando a situação-problema, 102

   2.2. Análise de descrição de problema, 105

      Caso 1, 105

      Caso 2, 108

   2.3. Orientação para descrever a situação-problema, 109

3. Proposição de objetivos, 111

   Alguns exemplos, 112

      Objetivo geral, 112

      Objetivos específicos, 113

4. Definição de metas, 116

5. Delineamento de método, estratégias e procedimentos, 119

6. Especificação de cronograma, 122

7. Identificação de recursos e custos, 126

8. Proposição de monitoramento e avaliação, 128

6. Implementação de projetos, 130

1. Análise e reconhecimento de benefícios, 132

2. Adoção de atitude proativa em relação às dificuldades que surjam, 133

3. Comunicação contínua com os atores e formação de equipe, 133

4. Adoção de abordagem interativa, 133

5. Articulação e manejo de forças de poder, 134

*Referências*, 137

*Quadros*

1) Natureza do método de projetos, 29

2) Limitações a serem superadas em relação ao planejamento, 47

3) Características de projetos que funcionam, 82

4) Síntese de elementos do projeto de solução de problemas e melhoria contínua, 86

5) Dimensões da elaboração de projetos, 89

*Figura*

1) Proporção entre sintoma e problema, 103

## CULTURAL

Administração
Antropologia
Biografias
Comunicação
Dinâmicas e Jogos
Ecologia e Meio Ambiente
Educação e Pedagogia
Filosofia
História
Letras e Literatura
Obras de referência
Política
Psicologia
Saúde e Nutrição
Serviço Social e Trabalho
Sociologia

## CATEQUÉTICO PASTORAL

**Catequese**
  Geral
  Crisma
  Primeira Eucaristia

**Pastoral**
  Geral
  Sacramental
  Familiar
  Social
  Ensino Religioso Escolar

## TEOLÓGICO ESPIRITUAL

Biografias
Devocionários
Espiritualidade e Mística
Espiritualidade Mariana
Franciscanismo
Autoconhecimento
Liturgia
Obras de referência
Sagrada Escritura e Livros Apócrifos

**Teologia**
  Bíblica
  Histórica
  Prática
  Sistemática

## REVISTAS

Concilium
Estudos Bíblicos
Grande Sinal
REB (Revista Eclesiástica Brasileira)
SEDOC (Serviço de Documentação)

## VOZES NOBILIS

Uma linha editorial especial, com importantes autores, alto valor agregado e qualidade superior.

## VOZES DE BOLSO

Obras clássicas de Ciências Humanas em formato de bolso.

## PRODUTOS SAZONAIS

Folhinha do Sagrado Coração de Jesus
Calendário de mesa do Sagrado Coração de Jesus
Agenda do Sagrado Coração de Jesus
Almanaque Santo Antônio
Agendinha
Diário Vozes
Meditações para o dia a dia
Encontro diário com Deus
Guia Litúrgico

### CADASTRE-SE
www.vozes.com.br

**EDITORA VOZES LTDA.**
**Rua Frei Luís, 100 – Centro – Cep 25689-900 – Petrópolis, RJ**
**Tel.: (24) 2233-9000 – Fax: (24) 2231-4676 – E-mail: vendas@vozes.com.br**

UNIDADES NO BRASIL: Belo Horizonte, MG – Brasília, DF – Campinas, SP – Cuiabá, MT
Curitiba, PR – Fortaleza, CE – Goiânia, GO – Juiz de Fora, MG
Manaus, AM – Petrópolis, RJ – Porto Alegre, RS – Recife, PE – Rio de Janeiro, RJ
Salvador, BA – São Paulo, SP